目指せ! 英語授業の達人40

絶対成功する!

新3観点の英語テストづくり & 学習評価アイデアブック

瀧沢広人 著

JN039385

明治図書

はじめに

　2021年度，中学校における新教育課程が始まりました。学習指導要領に準じ，中学校英語教科書も大きく変わりました。言語活動を始め，実際のコミュニケーションにおいて活用できる技能の育成，語彙数の増加，新文法の登場，小学校からの英語教育の接続等，新しい変革に戸惑いを感じている先生もいらっしゃるかと思います。

　評価については，観点が3観点に統一され，学力を「知識・技能」「思考・判断・表現」「主体的に学習に取り組む態度」で評価することとなりました。当初，多くの先生方から，「評価はどうしたらいいですか」「評価について不安です」などの声が多かったのですが，途中（2020年秋頃）から，「どんなテストを作ったらいいのですか」「パフォーマンスでは，どのように評価したらいいのですか」と，実際の評価テストの**作成**や**実施**についての質問が増えました。

　先生方にとっては評価について関心が高く，同時に不安材料でもあるのでしょう。

　しかし，評価については，至って簡単に考えたいものです。

　難しいと思われる評価でも，一番のコアな部分を理解すれば，そんなに難しいことではありません。教師が評価のために行うことは，次の5つです。

> ☑「知識・技能」と「思考・判断・表現」の差を理解する。（2つの観点の違いは何か？）
> ☑ 評価テストを「知識・技能」と「思考・判断・表現」の2観点で分ける。
> 　　（テスト問題を2観点で分けたらどうなるか？）
> ☑ パフォーマンステストを計画し，実施する。（ルーブリックをどう用意すればいいか？）
> ☑ 3観点の評価場面を考える。（いつ，どのような場面で，どのように？）
> ☑「主体的に学習に取り組む態度」の評価範囲を理解する。
> 　　（生徒の何を評価するのか？）

　評価については，できるだけ早く決着をつけ，最も肝心な「指導」に力を入れたいものです。それが本書のねらいでもあります。

　最初のうちは，3観点評価について，試行錯誤するかもしれません。

　しかし，意図的な努力を重ねるなか，徐々に，評価についての理解が明確になり，自信をもって，生徒を評価したり，評価テスト問題を作成したりすることができるようになるでしょう。しばしの教師修業です。

　本書が，なんらかの参考になれば幸いに思います。

2021年11月

岐阜大学教育学部　瀧沢広人

Contents

Prologue

新観点，何をどう評価する？

Chapter1

新３観点の学習評価と評価テスト作成のポイント

Chapter2

中学1年　新3観点の英語テスト&評価アイデア

Chapter3

中学2年　新3観点の英語テスト&評価アイデア

Chapter4

中学３年　新３観点の英語テスト&評価アイデア

Chapter5

新3観点による学習評価Q＆A

「平成31年全国学力・学習状況調査」から新しい評価観を得る

　「全国学力・学習状況調査」の結果は，宝です。平成31年に，国語と算数・数学に加え，英語が実施されました。その調査問題及び，解答方法を見て，正直，驚きました。例えば，「書くこと」の問題に，次があります。正答例は，① She is from Australia. ② She lives in Rome. ③ She has no pets. / She doesn't have any pets. です。つまり，「与えられた情報に基づいて，3人称単数現在時制の肯定文を正確に書いているか」を問う問題でした（図1）。

図1　設問⑨(3)

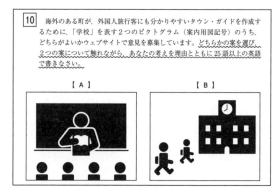

図2　設問⑩

　一方，設問⑩（図2）では，正答例として，I think A is better. It shows a teacher and students in a classroom, so it looks like a school. I don't think B is good because it looks like a library. が出ていました。と同時に，I think A is better. It *show a teacher and students in a classroom, So it looks like a school. I don't think B is good *becouse it looks like a library. も正答例にあげられていました。これは「おおむね正確な英語（コミュニケーションに支障をきたすような語や文法事項等の誤りがないもの）」として，正答にしている例でした。

　私はこの国の採点基準を見たとき，なぜ設問⑨では，3人称単数現在形が正確に書かれていないと減点なのに，設問⑩は，3人称単数現在形の -s がなくても正答なのだろう。まして，because のスペリングも違っていても正解なんて……と思いました。しかしその後，「あっ！そうか。設問⑨は，言語材料を正しく用いることができるかどうかを見ていて，設問⑩は，そこに評価の重点を置いていないんだ」と気づきました。

　これが今で言う「知識・技能」と「思考・判断・表現」の差であると感じたのです。

「知識・技能」と「思考・判断・表現」の差

　全国学力・学習状況調査の解答類型から，国の評価基準が見えてきました。「知識・技能」は言語材料使用の正確さ，「思考・判断・表現」は言語使用の適切さ，で評価すればいいと考えると，生徒の学力把握は非常に容易になると思いました。

言語活動の評価の３つの側面

　生徒の英語学力を「正確さ」という側面と，「適切さ」という側面で見ると，例えば，ペアでの対話では，まず「適切さ」という側面から生徒を観察します。「適切さ」の判断の１つは，「コミュニケーションが適切に行われている」ということですので，ペアで対話が継続され，知識及び技能を活用した対話等により，コミュニケーションが成立していれば，「概ね満足できる」というb評価以上と判断できます。ちなみに，国立教育政策研究所では，「コミュニケーションに支障をきたすような語や文法事項等の誤り」とは，「主語や動詞等の主要語の欠落」「文構造の誤り」等としています（国立教育政策研究所「平成31年度（令和元年度）全国学力・学習状況調査の調査結果を踏まえた学習指導の改善・充実に向けた説明会」資料より）。

　その後，「正確さ」を見ていきます。「なんとなく会話が成立しているなあ」と思っても，「あれ？　Aさんは，I went to を，I want to.... と発音していたぞ。発音に混乱が見られるのかな」「Bさんは，*I like color blue.って言ったぞ。正確さに課題があるなあ」と，コミュニケーションという大きな範囲で評価した後に，語彙や文法といった小さな範囲へと見方を変え，正確さを判断していきます。

　最後に，「主体的に学習に取り組む態度」を見ていきます。コミュニケーションを成立させるためには，「コミュニケーションを図ろうとする主体的な態度」も大事です。例えば，「相手の目を見て，聞いたり話したりするアイコンタクト」「自然なジェスチャー」「相手に伝わる声の大きさ」等，インタラクションには，コミュニケーションを図ろうとする態度は必須です。

　さて，「適切さ」には，「表現」の適切さに加え，「コミュニケーションを行う」適切さもあります。「分からないことがあったら，分かるように相手に尋ねること」や「相手の意向を理解し，やり取りをする」等，コミュニケーションの適切さがとても大事になってきます。この点については，「主体的に学習に取り組む態度」と評価の一体化が考えられます。

　また，「話すこと」の「適切さ」の中には，「流暢さ」もあります。どこまで「流暢さ」を求めるかは，中学生の発達段階にもよりますが，コミュニケーションを行う上で，あまりにたどたどしく話していては，コミュニケーションとしては，よい在り方ではありません。流暢さも「思考・判断・表現」の学力のうちの１つと言えるでしょう。

1 難しいことを易しく

　2021年４月，中学校において新教育課程が始まりました。今回の改訂は，外国語科にとって大きな変革と言えるでしょう。細かくは，「言語材料は，言語活動を通して指導すること」や「語彙数の増加」「目的や場面，状況設定のある言語活動」，そして「学習評価」等があります。私は，日頃，難しいことを易しく考えるようにしていますので，今回の「評価」についても，できるだけシンプルに考えたいと思っています。

2 旧４観点から，新３観点へ

　左側は，平成20（2008）年告示の旧学習指導要領に基づく評価観点です。右側は，今回の平成29（2017）年告示の新学習指導要領による評価観点です。

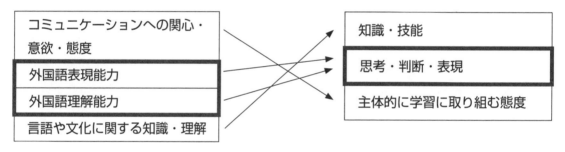

図1　旧４観点と，新３観点の関係図

　「コミュニケーションへの関心・意欲・態度」は「主体的に学習に取り組む態度」へと姿を変え，「コミュニケーションに向かう姿勢や態度」をはじめ，「粘り強く学習に取り組む態度」や「自ら学習を調整する態度」について評価します。

　「言語や文化に関する知識・理解」は「知識・技能」として，語彙や文法，文構造等を理解し，新たに，コミュニケーションの場で使用できる「技能」も含むようになりました。よって，語彙や文法，文構造等は，**文脈の中で，正確に使用できる**ことが求められます。

　「外国語表現能力」と「外国語理解能力」は「思考・判断・表現」となり，目標言語が**適切に使用できる**かどうかを測ります。よって，適切に使用できるかどうかを見るためには，コミュニケーションを行う目的や場面，状況がなければ，適切に使用できているか判断できません。これが新しい評価です。簡単に整理すると，次のようになります。

評価観点	評価ポイント
○知識・技能	・言語材料使用の「正確さ」を評価
○思考・判断・表現	・場面に合わせた言語使用の「適切さ」を評価
○主体的に学習に取り組む態度	・「コミュニケーションへの関心・意欲・態度」を評価 ・「粘り強く取り組む態度（粘り強さ）」を評価 ・「学習を調整する態度（メタ認知）」を評価

表1　評価観点と評価ポイント

3　評価と「評価テスト」

　評価場面には，「観察」や「ワークシートの記述」「パフォーマンステスト」「ペーパーテスト」「振り返りカード」等があり，評価は，**妥当性と信頼性**を必要とします。

　「妥当性」とは，その評価活動が適切な能力を測っているかということになります。例えば，読みの力を測ろうとしているのに，語彙力を測っていたり，「思考・判断・表現」を測ろうとしているのに，よくよく見てみたら，「知識・技能」の問題であったりしては，評価の妥当性は揺らぎます。評価がその能力を正確かつ適切に測っているかどうかが妥当性です。

　「信頼性」とは，何度，評価しても評価がブレないということです。そのためには「基準」が必要です。この程度の問題であれば，10問中8問以上の正解はa，5〜7問の正解はb，4問以下の正解はcのように，誰が評価しても同じになるようにすることです。

　特に，「話すこと」「書くこと」では，ルーブリックのような信頼性を確保する評価基準が必要です。どの先生も同じ基準で評価し，生徒の学力評価にブレのないようにします。もちろんルーブリックを用いても評価者によって，評価がずれる場合はあります。それはある意味，仕方のないことであって，100％一致するとはいきません。しかし，方向性は，どの先生が評価しても同じ評価となることを目指します。

　このように，評価の妥当性と信頼性を考え，**不公平のないように**評価するとしたら，私は，「ペーパーテスト」と「パフォーマンステスト」が評価場面としては，最適と考えます。つまり，評価の中心は，定期テストとパフォーマンステストになるのかと思うのです。授業中の「観察」は，教師の主観や評価時期，たまたまその時に観察できたということにより，不公平さが生まれます。「ワークシートの記述」は，その時は書けていても，その後も同じように書けるかどうかは分かりません。つまり信頼性が揺らぎます。参考にはなっても，評価の決定打とまではいきません。「振り返りカード」も同様です。

　では，どのような評価テストがよいのでしょうか。

1 聞くことのプリンシプル（Principle＝原理）

　聞くことは，音声化された言語の意味から，あるメッセージを理解することです。例えば，How much was your pencil case? と尋ねられたら，「ペンケースがいくらか聞いているんだな」と言語材料から，正しく意味を把握する，これが「知識・技能」の聞き取りです。一方，How much was your pencil case? と尋ねられ，「あ，値段を聞いているんだな。もしかしたら同じものを買いたいのかな」と状況から判断し，It's 900 yen. I bought it at AEON. と会話をつなげる，これが「思考・判断・表現」を伴う聞き取りです。学習指導要領の「聞くこと」に，「(ウ)友達からの招待など，身近な事柄に関する簡単なメッセージを聞いて，**その内容を把握し，適切に応答する活動**（太字強調は筆者）」とあるのは，聞いて適切に応じることを求めているからです。ですから，聞き取りの評価テストには，次のような問題も考えられます。

　　問題　次のような場面で，あなたは友達から話しかけられました。どのように返答しますか。
　　放送文　Excuse me, do you have a pen?
　　　　　　a. Yes, I do.
　　　　　　b. Yes. Here you are.
　　　　　　c. Yes, I am.

2 「知識・技能」の評価テスト

(1)イラスト問題

　「知識・技能」は，用いられる言語材料を聞き，内容を正しく捉える技能，正確性を評価します。例えば，比較表現では，次のような英文を聞かせ，答えを選ばせます。

　　問1　質問の答えとして最も適するものを①〜④の中から選び，数字で答えなさい。

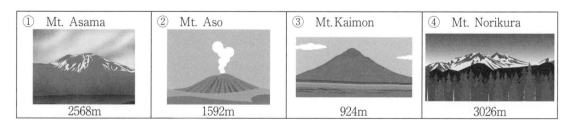

① Mt. Asama	② Mt. Aso	③ Mt.Kaimon	④ Mt. Norikura
2568m	1592m	924m	3026m

No.1 　Which mountain is the highest of the four?

No.2 　Which is higher, Mt. Aso or Mt. Kaimon?

No.3 　Which mountain is the lowest/smallest?

　また，上記の問題を，山の高さは伏せておき，次のように尋ねることで，英文を聞き取る正確性の難易度が高まります。また，場合によっては，「思考・判断・表現」にもなります。

問2　タケシがクイズを出しているよ。山の標高が高い順に①～④を並べなさい。

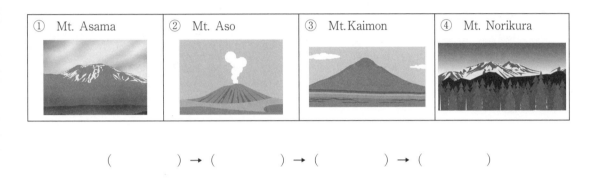

（　　　　）→（　　　　）→（　　　　）→（　　　　）

放送文　Hi, I'm Takeshi. I will give you a quiz. Mt. Aso is higher than Mt. Kaimon. Mt. Norikura is higher than Mt. Asama. Mt. Aso is lower/smaller than Mt. Asama.

(2) QA 問題

　聞き取りの問題としては，最もよく用いられている方法です。

問3　今からNo.1～No.4まで対話文を放送します。その後に質問が流れます。その質問の答えとして，最も適当なものをa, b, c, dの中から1つずつ選び，記号で答えなさい。

No.1　　　　　No.2　　　　　No.3　　　　　No.4

放送文　No.1　A：You look sleepy, Hiroshi. Did you sleep well?

B：Yes, I did. I went to bed at 10 and I got up at 6.

A：So, you slept for 8 hours.

Question　What time did Hiroshi get up?

a. At 10.　　b. At 6.　　c. At 8.　　d. At 10:30.

No.2～4（省略）

3 「思考・判断・表現」の評価テスト

　「思考・判断・表現」は「適切さ」を評価します。つまり，**適切に聞き取れているか**が，評価の視点ということになります。例えば，海外旅行に行くとします。空港では様々なアナウンスが流れます。アナウンスを聞く目的というのは，関係するフライトの情報を聞き取ることにあります。つまり不要な情報は聞き流していいわけです。

(1)表・グラフ問題

　　問題　今日は待ちに待ったハワイ旅行です。あなたの乗る飛行機の情報は右になります。空港のアナウンスを聞いて，①何時に，②どこのゲートに行けばいいでしょうか。

フライト情報	
フライト番号	MJK2810
行き先	Honolulu
搭乗時刻	7：15
搭乗ゲート	Gate78

　　放送文

　Attention passengers on MTP Airlines flight 0279 to Los Angeles. The flight has been delayed due to bad weather. The boarding time will be 8：00.

　This is the final call for MJK flight 1111 to Honolulu. Please go to Gate 78 at 6：10.

　Attention, passengers. This is a gate change announcement for JFL 281 to Bangkok. Flight 281 to Bangkok will now be departing from Gate 14.

　Attention passengers on MJK flight 2810 to Honolulu. The boarding gate has been changed. The flight will be leaving from Gate 22.

　これは，**複数の文を聞いて，その中から必要な情報を聞き取る**という，適切な聞き取り力を測っているので，「思考・判断・表現」の問題として扱います。学習指導要領の目標で言うと，「ア　はっきりと話されれば，日常的な話題について，必要な情報を聞き取ることができるようにする」に当たります。

(2)チャイム問題

　これは，対話文の途中や最後にどのような英文が入るか問う問題で，対話の流れを理解し，適切な英文を選ぶということから，「思考・判断・表現」の問題と言えるでしょう。

　　問題　今からNo.1からNo.4まで短い対話文を放送します。対話文の途中や終わりにチャイムがなります。そのチャイムの部分に入る最も適当なものを，それぞれア～エの中から1つずつ選び，記号で答えなさい。

No.1　ア　With my family.　　イ　At a hotel.　　ウ　For a week.　　エ　Sightseeing.

No.2　ア　Because I like him.　　イ　Can I go with you?

　　　ウ　When will he come?　　エ　Will you go with me?

No.3～4　（省略）

放送文	No.1	A：Passport, please.
		B：Here you are.
		A：What's your purpose of your visit?
		B：（　チャイム　）
	No.2	A：Where are you going, Ken?
		B：I'm going to the station. My friend, James, is coming to my house.
		A：Really? I want to meet him.（　チャイム　）
		B：Sure. Let's go!

---

(3)ＱＡ問題

4 「主体的に学習に取り組む態度」の評価

　聞くことにおける「主体的に学習に取り組む態度」は，必要な情報や概要，要点を捉えようとしている状況や取組，聞いて理解しようする粘り強い態度，分からない時に聞き返す等，自らの理解の度合いを調整する取組を評価します。評価場面としては，「パフォーマンステスト」があります。「相手の目を見て話を聞いている」「頷いたり相づちを打ったり反応しながら聞いている」「分からないことは尋ねている」「話を最後まで聞いている」などコミュニケーションに向かう姿勢を評価します。また，評価の蓄積は，授業中の「観察」があります。顕著な場合，記録しておき，評定の参考にします。ただし，たまたま見たときに顕著な場面が見られたり，逆に評価に値する取組や態度を示していても，教師がそれを見るチャンスを逃すこともあるので，要注意です。

聞くことの評価テストのポイント

☑「知識・技能」は，目標言語材料の聞き取りが**正しく**行われているかどうか評価します。

☑「思考・判断・表現」は，目的や場面に応じた**適切な**聞き取りができているかどうかを評価します。よって，複数の英文を聞き，その中から必要な情報を聞き取ったり，概要や要点を把握したり，話の流れから推測するような問題になります。

☑「主体的に学習に取り組む態度」は，授業中の観察やパフォーマンステスト時に，**主体的にコミュニケーションを図ろうとしている状況**を評価します。

---

5 「読むこと」の評価テスト

1 読むことのプリンシプル（Principle ＝原理）

「読むこと」とは，書かれた英文を読み，言語材料を理解し，内容を**正しく理解したり，書き手の意向を適切に理解したり**することを指します。前者は，文字通り，正確な読みであり，後者は適切な読みとなります。読むことにも，**正確さと適切さ**の両面が存在します。また，コミュニケーションとしての読みとは，読み手が書かれた文章を読み，心の中で作者と対話することを指します。そしてその結果，**読み手にとって新たな価値が生まれること**でもあります。

読み取りには，「情報の読み取り」「概要の読み取り」「要点の読み取り」の3つがあり，問題形式には，「ＱＡ問題」「正誤問題」「下線部問題」「空所補充」「概要理解」「要約問題」「理由問題」等々があります。

2 「知識・技能」の評価テスト

「知識・技能」における「読むこと」では，目標とする言語材料が正しく読み取れているかを評価します。次の英文から設問を考えてみましょう。

（英文）

Last Sunday Maki was going to go to the library but she found that her brother's birthday was coming soon. Her brother, Kenta, likes to play baseball so she wanted to buy a nice bag for him. She went to the shopping mall with her mother. They ①(t   ) a bus. ②〔was/but/a nice bag/found/her/she/expensive/for/it/too〕. So her mother bought ③it and Maki bought a towel for her brother. Maki was happy to buy a present for her brother. They ④(a   ) dinner in the mall and went home.

---

(1) QA 問題

問1 本文の内容に合うように，質問の答えとして最も適切なものを選び，記号で答えなさい。

(1) Where did Maki go with her mother last Sunday?

　　a. Museum　　b. Stadium　　c. Library　　d. Shopping mall

(2) What did Maki buy for her brother?

　　a. A bag.　　b. An expensive bag.　　c. A towel.　　d. She didn't buy a present.

問1の(1)では，Where did Maki go with her mother last Sunday? と質問があり，その英文の答えとなる部分を見つけなくてはいけません。つまり，本文中では，She went to the shopping mall という went という過去時制の理解を読みの中で測ることになります。

(2)では，What did Maki buy for her brother? の質問に対し，buy の過去形である bought に注目し，過去時制の正確な読みを確認します。

もちろん，「知識・技能」「思考・判断・表現」では，重なる部分があります。「思考・判断・表現」で評価すれば，英文の適切な読みとして，この問題がそのまま使えますが，試験範囲の目標言語材料を問うことに重きを置けば，「知識・技能」として取り扱うことになります。

(2)語彙問題

問2 ① 〔　　　　　〕，④ 〔　　　　　〕の最初の文字で始まる適切な語を答えなさい。

問2では，take，eat の過去形の理解を，実際のコミュニケーションの場において活用できるかどうかを確認しています。これらは，語彙の「知識・技能」となります。

(3)語順整序問題

問3 ② 〔　　　　　〕の語を次の意味になるように語を並べ替えなさい。
　　　　彼女は弟に合う素敵なカバンを見つけましたが，それはとても高かった。

問3では，あえて語順整序問題を入れてみました。語の並べ替えは，今回のように，どのような文を作ればいいのかを日本語で指定することで「知識・技能」の問題となります。このように，今までのテスト作成では，総合問題は不適と考えられてきましたが，今回の3観点下では，場合によっては，総合問題も可能になるのではないでしょうか。

3 「思考・判断・表現」の評価テスト

「思考・判断・表現」の評価テストのポイントは，**コミュニケーションを行う目的や場面，状況を入れること**です。

試しに，前ページの「2 『知識・技能』の評価テスト」の英文に，コミュニケーションを行う目的や場面，状況をいれると次のようになります。

次の英文は，Takeshi が英語の授業で，Maki と Small Talk（スモールトーク）した内容を
（場面・状況）
英文にしたものです。Maki の先週の日曜日の出来事を読み取りましょう。
（目的）

入試問題を含め，長文問題の多くは，上記のように場面や状況が明記されていることと思います。最後の（目的）を入れるかは，定期テストにおいては，入れずに，「問1～問4に答えなさい」という形式でもいいでしょう。

さて，次のような正誤問題の多くは，「思考・判断・表現」の問題と扱えます。

(1)正誤問題

問4　本文の内容に合っているものを，次のア～エから一つ選び，記号で答えなさい。

　　ア　Maki went to see her brother's baseball game last Sunday.

　　イ　Maki and her brother went to buy a nice bag for their mother.

　　ウ　Maki bought a nice bag and her mother bought a towel.

　　エ　Maki bought a towel and her mother bought a bag.

問5　本文の内容に合うように，次の　　　　　に入る文を選び，記号で答えなさい。

　　Maki went to the shopping mall because 　　　　　　　　　　

　　ア　her mother wanted to go there and bought a birthday present for Kenta.

　　イ　her mother went to the library.

　　ウ　Maki wanted to buy a nice bag for Kenta.

　　エ　Maki wanted to buy a towel for Kenta.

(2)下線部問題

下線を引き，その内容を問う問題は，「知識・技能」と「思考・判断・表現」の問題に分けられますが，下記では，言語材料を問うというより，適切な読みを問う方に力点が置かれていますので，「思考・判断・表現」の問題とします。

問6　下線部③のitは何を指すか。英語2語で答えなさい。

その他，次のような問題は，「思考・判断・表現」に近いものがあるでしょう。

(3)タイトル問題

「タイトル問題」とは，文章の内容や主題に合うタイトルを選択肢の中から選ぶ問題で，作者の主張を適切に理解できるかどうかを測ります。

また，物語文や説明文では，段落ごとに小見出しを選択肢から選ばせ，適切な読みができているかどうか確認することができます。

Emi の話にタイトルを付けるとしたら，どれが最も適していますか。

ア My grandfather's clock　イ My precious clock
ウ My best memory　　　　　エ What I want for Christmas is a clock

(4)要約問題

　要約問題とは，本文の内容を要約した文章があり，その文章の中に数個の（　　　）があり，その（　　　）に入る語を答えさせる問題で，思考力・判断力・表現力等が試されます。
　例えば，p.16の英文を要約し，（　　　）を設けてみます。

問8 本文の内容に合うように，ア〜エに入る語を答えなさい。

（要約文）

　Maki went to the shopping mall with her （　ア　）. She wanted to buy a birthday present for her （　イ　）. She didn't buy a bag because it was （　ウ　） for her. She bought a （　エ　） for him.

(5)並べ替え問題

　並べ替え問題は，大きく3種類あります。
　1つ目は，本文の内容に合うように，選択肢の英文を並べ替える問題です。

問9 次のア〜エの英文を，本文の流れに合うように並べ替えなさい。

本文

ア Tom found a nice bag there.
イ Tom and Maki helped an old woman carry her bags.
ウ Maki saw her English teacher at the mall.
エ Last Sunday, Tom and Maki went shopping in the town.

　2つ目は，本文中に（　　　）に複数の文を並べ替え，意味の通る文章にする問題です。

問10 次の本文中の（　　　）にア〜エの文を入れると，どのような順になりますか。

One Sunday morning, Tom called me when I was watching a movie on DVD.
（　　　　　　　　　　） It was really fun. I love to watch it.

ア　After that, I ate lunch with Tom.

イ　When I got home, I began watching the movie.

ウ　He asked me to help him do his Japanese homework.

エ　I went to Tom's house and I helped him.

　3つ目は，絵を並べ替える問題です。話の流れになるように絵を並べ替える問題も，長文の内容を適切に理解しているかを測ることから，「思考・判断・表現」の評価となります。しかし，もし短い英文で，言語材料の理解を期待している場合は，「知識・技能」になるでしょう。

⑹ＱＡ問題

⑺音読テスト

　音読も「内容が表現されるように読む」を評価すれば，「思考・判断・表現」になります（参考：「第9節外国語　2　内容⑶①ウ　読むこと」『中学校学習指導要領（平成29年告示）』）。

4　「主体的に学習に取り組む態度」の評価

　「読むこと」における「主体的に学習に取り組む態度」の評価は，音読や黙読の場面で評価が可能です。音読の場合，「主体的に学習に取り組む態度」の評価は，「思考・判断・表現」の評価とほぼ一体化することが予想されます。つまり，「思考・判断・表現」の評価がａならば，必然的に「主体的に学習に取り組む態度」もａになる可能性が高いと考えます。

> **読むことの評価テストのポイント**
> ☑「読むこと」に関して，従来の問題を「知識・技能」や「思考・判断・表現」で，区分けしていくと，新観点での評価テストの参考になります。
> ☑「読むこと」の問題では，そこに「読む目的」を入れることが大事です。
> ☑「主体的に学習に取り組む態度」は，読んで内容を理解することだけでなく，読後感や作者のメッセージを読み取ろうとしている状況も評価することができます。

6　「話すこと［やり取り・発表］」の評価テスト

1　「話すこと」のプリンシプル（Principle ＝原理）

　「話すこと」については，Levelt（1989）が，そのメカニズムを次のように説明しています。まずスピーキングは「内容」を考えることから始まります。次に，その内容を「言語化」します。言語化した内容を「音声化」します。そして，声に出して相手に伝えたものを，うまく使えられているかどうか「モニター」します。もしうまく伝えられなかった場合は，もう一度「音声化」したり，「言語化」を行ったり，伝える「内容」を変えたりします。

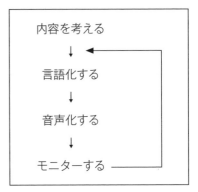

　また，大事なことは，伝える「内容」です。どのような順番で，どのように伝えるか，何を伝えるか等を**整理して話す練習をさせる**ことが大切です。そのことについては，学習指導要領に，次のように書かれています。

（話すこと）
ウ　日常的な話題や社会的な話題について，伝える内容を整理し，英語で話したり書いたりして互いに事実や自分の考え，気持ちなどを伝え合うこと。
（「第9節　外国語　2　内容(2)」『中学校学習指導要領（平成29年告示）』）

　さて，「話すこと」の評価ですが，基本は全て同じです。語彙や文法が正しく使われていれば，「知識・技能」の評価は○になります。正確さはなくても，意味が通じるくらいの内容で，適切に伝えていれば，「思考・判断・表現」は○になります。さらに，主体的にコミュニケーションを図ろうとする様子が話すことの活動中に見られれば，「主体的に学習に取り組む態度」は○となります。よって，3つの観点を同時に評価することは可能ということです。

2　「話すこと」のパフォーマンステスト

　パフォーマンステストには，次の2つが必要です。1つは，「思考・判断・表現」を評価するためにの「コミュニケーションを行う目的や場面，状況」であり，もう1つは，評価するための「ルーブリック」です。ルーブリックについては，本書p.11にも書きました。ブレない評価をするための指標になります。課題の提示は，できるだけシンプルに与えるようにします。

【参考文献】Lovelt, W. J. M（1989）.Speaking：from intention to articulation, The MIT Press, England

(1)話すこと［やり取り］

教師と生徒で行う場合

　教師と生徒で行うインタビューテストでは，コミュニケーションを行う目的や場面，状況は，教師が示せばそれで済むことですので，指示文の提案はなくていいでしょう。ただ，時間短縮のために，事前に課題を提示しておくことは可です。

　生徒には，①自分からも積極的に質問する。②１文で返答するのではなく，複数文話す。ということを指導しておき，教師が質問役にならないように留意します。

> T：Hello, Kenji. Winter vacation is coming soon. So, let's talk about winter vacation.
> 　　　　　　　　　　　　場面・状況　　　　　　　　　　　　目的
> 　　　What will you do?
> S：I will visit Kamakura on New Year's Day. I go there with my family every year.
> 　　　How about you?

　評価については，まずは，「思考・判断・表現」を中心に観察し，「適切に伝えられていればa」「多少意味の通じにくいところがあればb」のように判断しながら，その次に，英文の正確さに目を向けるとよいかと思います。「思考・判断・表現」で，うまく対話が成立してない場合は，「知識・技能」のどこかが不十分であることも考えられます。

　逆に，英文は正しく言えていても，「思考・判断・表現」は×になることもあります。例えば，質問に対して答えが正対していなかったり，コミュニケーションのとり方が適切でなかったりする場合は，語彙や文法等は正しく使えても，コミュニケーションにおいて適切さに欠けると判断すれば「知識・技能」はa，「思考・判断・表現」はbということもあり得ます。なお，方法は様々ですが，「主体的に学習に取り組む態度」は，評価の優位にあまり差がない場合は，下記のように，３つ以上できていればaのような基準も考えられます。

「話すこと［やり取り］」の評価基準例（ルーブリック）

	知識・技能	思考・判断・表現	主体的に学習に取り組む態度
a	語彙や文法，文構造の誤りが**ほとんどない。**（１～２個）	**適切に伝えられ，**会話が成立している。流暢さも見られる。	□複数の文を言おうとしている。 □対話をつなげようとしている。 □アイコンタクトがとれている。 □必要に応じて，ジェスチャーを用いている。 （３つ以上はa，２つはb）
b	語彙や文法，文構造の誤りが**多少ある。**（３～５個）	**多少，意味の通じにくい時が**あるが，会話が成立している。	
c	語彙や文法，文構造の誤りが多く，課題が見られる。	会話の成立にやや課題がある。	

生徒同士で行う場合

　生徒同士で行う場合，パフォーマンス課題の提示が必要です。シンプルにつくります。

（パフォーマンス課題）

You will have a winter vacation. <u>If you are going somewhere with your partner, where</u>

　　　　　場面　　　　　　　　　　　　　　　状況

<u>will you go?</u>　Talk about it for 2 minutes.

　　　　　目的

（日本語での提示）

さあ，冬休みですね。友達とどこかに行く相談をしましょう。時間は2分間です。

⑵話すこと［発表］

　これは今までにも多くの教室で行われてきているかと思います。生徒が前に出てきて，スピーチ等をします。そしてその状況を評価します。しかし，話すことの評価と言いながら，実際は暗記したものを声に出して言っていることもあります。生徒の学習歴を考えると，これは仕方のないことかと考えます。一番大事なことは，原稿を見ずに行わせることです。しかし原稿があるということで，思考・判断・表現は書くことの中で見るとよいでしょう。

（パフォーマンス課題）

　The first year in junior high school will be over and you'll be in different classes this April. Let's talk about your good memory this year and share it.

「話すこと［発表］」の評価基準例（ルーブリック）

	知識・技能	思考・判断・表現	主体的に学習に取り組む態度
a	概ね正確な発音で話せている。		□伝える気持ちが十分あり，発表や発表方法に工夫が見られる。
b	多少，発音に課題が見られるが，通じる英語である。		□必要に応じて，ジェスチャーを用いている。
c	発音が日本語的になっており，修正が必要である。		□アイコンタクトがとれている。 （3つ以上はa，2つはb）

　また，パフォーマンステスト時における評価は，最大限3観点評価できるということであり，一度に3観点を同時に評価しなくてはいけないということではありません。

3 日常の「観察」による評価

　Small Talk の時，教師がある話題について最初に話をします。次に，教師が生徒に話しか
けながら，生徒の英語の正確さを確かめていきます。ここで生徒を評価することができます。
　しかしこれはテストではなく，あくまでも**形成的評価**であり，生徒の変容を促す指導に役立
てるものです。しかし同時に，顕著な場合は，**記録に残すことも可能**となります。つまり，よ
い評価aは記録に残し，評価の参考や根拠にすることができます。

（Teacher's Talk）

JTE：Last Sunday, it was really a nice weather. When I got up and looked outside, it was
　　　a nice day. The sun was shining. The weather was nice. Then I began thinking
　　　where to go. I like driving so I washed my car first, and drove to the river. I
　　　enjoyed my day. How did you spend last Sunday?

　S1：*I went to school. I played basketball games.

JTE：Oh, you came … to school?

　S1：Yes.

JTE：Did you win the games?

　S1：Two …, win and one … 負けた.

JTE：You won two games and … lost one game.　Did you have fun?

　S1：Yes.

　とは言え，パフォーマンステストを実施することが困難なこともあります。その場合は，上
記のように，授業中の生徒の発話で「正確さ」や「適切さ」を確認しながら，評定につなげる
評価として，記録に残します。また，パフォーマンステストは，時間の確保や，その方法が課
題となります。1人2分でインタビューテストを行えば，2時間分の授業が自習となることが
予測されます。しかし，学期末に行うことを考えれば，学期で学習したことを復習プリントで
自習させ，その間にパフォーマンステストを行うという方法も考えられます。

話すことの評価テストのポイント

☑「話すこと」も，正確さは「知識・技能」で，適切さ及び流暢さは「思考・判断・表現」
　で，評価していきます。「知識・技能」は音声面での正確さも含みます。

☑「話すこと」のパフォーマンス課題には，そこに「目的・場面・状況」を入れます。た
　だし，指示文が複雑にならないように留意します。

☑「話すこと」のパフォーマンステストでは，評価基準（ルーブリック）を用意しましょ
　う。

7 「書くこと」の評価テスト

1 「書くこと」のプリンシプル（Principle ＝原理）

　「書くこと」は，自分の考えや気持ちなどを整理してまとまりのある文章を書いたり，また，聞いたり読んだりしたことについて，考えや感じたこと，理由などを書いて思いを伝えたりすることとなります（「中学校学習指導要領解説」「1　目標(5)書くこと」より）。

　「話すこと」と同様に，ここでも「内容」を考えるところから始め，それを「言語化」し，「文章化」し，振り返る（モニター）という流れは，ほぼ「話すこと」と同じです。

　また，「書くこと」では，**相手意識も大事**です。誰に対して書くのかによって，伝える内容が変わってきます。課題提示の際には，相手を示すとよいでしょう。

　問題形式には，「QA 問題」「空所問題」「下線部問題」「テーマ問題」「意見問題」「イラスト問題」「メール返信問題」「内容限定問題」等があります。

2 「知識・技能」の評価テスト

　「知識・技能」は，書くことの正確さを測り，主に語彙や文法，文構造の活用レベルにおける正確さを評価します。

(1) QA 問題
　次のように生徒に質問を投げかけ，答えを文で書かせます。

> 問題　新しく来た ALT の James 先生は，みんなのことを知りたいと言って３つの質問を用意してきました。James 先生に自分のことを教えてあげましょう。

Q1　When is your birthday?

Q2　Do you play any sports?

Q3　What is your favorite subject?

　これらの質問に対して，生徒は返事を書きます。もうお分かりかと思いますが，この問題で，「知識・技能」と「思考・判断・表現」が評価できます。例えば，Q2で Do you play any sports? と質問され，Yes. または，Yes, I do. 答えれば，「知識・技能」は○となります。しかし，James 先生が知りたいと思っているので，Yes, I do. と答えた後に，例えば，I play tennis. のように，追加情報が書ければ，「思考・判断・表現」の評価を○にしてもよいでしょ

う。同時に,「主体的に学習に取り組む態度」におけるコミュニケーションへの意欲も準じて○となります。

(2)イラスト問題

生徒は質問には答える機会は多くても,生徒自身が質問する場面は,意図的につくり出さない限り,あまり多くはありません。そこで,例えば,次のように場面をつくり,「セリフを入れなさい」という方法を用いて,疑問文を作らせるようにします。

問題 2人の対話が成立するように,①②に英文を入れなさい。

また,イラストを用いずに,対話文の中に空白をつくり,そこに入る文を考えて,書かせることでも「知識・技能」を評価することができます。

(3)空白補充問題

問1 対話を読み, ア に入る英文を書きなさい。

Miki：Hi, James. You have a big bag. Did you go somewhere?
James：Yes.
Miki： ア ?
James：I went to Tokyo last Sunday.

過去形を使わせたいという意図があり,過去形の正確さを測ることができます。
同じ,空白補充でも,次のようにすると,Kenta が最後に,Thanks for your help. と言っていることから,Shall I help you?/Do you want me to help you? が入ります。

問2 対話を読み，[　　ア　　]に入る英文を書きなさい。

Kenta：Hi, Mary. I have an English homework. I'm going to the library to do it now.
Mary：I'm going to the library too. [　　　　　ア　　　　　].
Kenta：Really? Thanks for your help.

　これは，やや適切な表現の選択というところから，「思考・判断・表現」に近くなりますが，次のようにすると，Shall I ...? の「知識・技能」になるでしょう。

問3　[　　ア　　]に，場面にふさわしい２語の英語を書きなさい。

Kenta：Hi, Mary. I have an English homework. I'm going to the library to do it now.
Mary：I'm going to the library too. [　　ア　　] help you?
Kenta：Really? Thanks for your help.

(4)内容提示問題

問題　あなたは，海外の友達を紹介するため，次のようなメモを作成しました。３文程度の英語で，クラスの友達に紹介しましょう。

> 名　前　Jim
> 出身国　the U.K.
> 住んでいる所　Canada
> ペット　ネコ１匹
> スポーツ　バスケットボール

3 「思考・判断・表現」の評価テスト

　「思考・判断・表現」は，コミュニケーションを行う目的や場面があり，相手を意識させます。例えば，スピーチ文を書かせることでも，「クラスのみんなに」なのか，「ALT に」なのかで，内容が違ってきます。前者は，淡々と夢を語ってもいいですが，後者では，What do you think about my dream? や，Please give me some advice. のように，ALT にアドバイスを求めることも，コミュニケーションを意識していることになります。

(1)テーマ問題

問題　Maki と James が「あこがれの人」についての話をしています。そこにあなたも会話に加わります。[　　　　　　]に，あなたの考えを３文程度で書きなさい。

James : What are you looking at?

　Maki : I'm looking at my favorite singer, Takeru. His song is nice. He can dance well.
　　　　 Who is your hero?

James : Good question. My hero is my father. He is a firefighter. He helps people. Who is
　　　　 your hero?

　You : [　　　　　　　　　　　　　　　　　　　　　　　　　　　　　　　　　]

(2)意見問題

「冬がいいか，夏がいいか」「オンライン学習がいいか，対面での学習がいいか」「海外に行くならどこがいいか」等，生徒の意見を書く問題があります。

| 問題 | あなたは，保健体育の授業で「健康な体」について学びました。授業後，留学生の Lucy が，次のように語りかけてきました。20語〜30語程度で，返事を書きましょう。 |

Lucy : In Japan, many people live long. Old people are really active and healthy. What do
　　　　 you do to stay healthy?

　You : (　　　　　　　　　　　　　　　　　　　　　　　　　　　　　　　　)

評価基準例（ルーブリック）

	知識・技能	思考・判断・表現	主体的に学習に取り組む態度
a	語彙や文法，文構造の誤りが，ほとんどない。（0〜1個）	文と文のつながりが意識され，内容にまとまりがある。	□意味が伝わりやすくするように，接続詞等を効果的に用いている。
b	語彙や文法，文構造の誤りが**多少ある。（2〜3個）**	伝えたいことが伝えられ，一応意味が通る文章になっている。	□相手意識をもち，配慮がある。 □文を丁寧な文字で書いている。 □たくさん文を書こうとしている。 （3つ以上はa，2つはb）
c	語彙や文法，文構造の誤りが多く，課題が見られる。	英文が単発に並んでおり，内容にまとまりがない。	

書くことの評価テストのポイント

☑「書くこと」では，書かせてみて，語彙や文法等が正しく書けていれば「知識・技能」で評価し，文脈等の適切さで，「思考・判断・表現」を評価します。

☑「書くこと」のパフォーマンス課題にも，必然的に「目的・場面・状況」が入るようにします。また，誰に対して書くのか，相手意識をもたせ，相手への配慮を意識させます。

☑「書くこと」の評価でも，評価基準（ルーブリック）を用意します。

8 言語材料（語彙）の評価テスト

1 場面や文脈を伴う問題

　新しい学習指導要領（平成29年告示）では，「実際のコミュニケーションにおいて活用できる技能を身に付ける」ことが大切であり，評価もそれに準じます。よって，語彙テストも実際のコミュニケーションにおいて活用できるかどうかという視点で，場面や文脈の中で問うようにします。例えば，語彙の知識を測るには，下記のような問題が考えられます。

問1　①～④の（　　）に入る語をア～カの中から1つずつ選び，記号で答えなさい。

① Lucy：You look sick. Did you see a doctor?

　Hiroshi：No, I didn't. I will go to the（　　　　　）today.

② Mami：What are you going to do this afternoon?

　Jack：I'm going to the（　　　　　）because I have to do my homework.

　Mami：Good idea. You can sit at the desk and there are a lot of books.

　Jack：Yes. I'll do my best.

③④　省略

　選択肢

　ア　winter　イ　moved　ウ　library　エ　watch　オ　cooked　カ　hospital

　このように，語彙知識を測るために，場面や文脈を用意し，その状況の中でどの語彙を選択するかを問います。上記の問題は，どちらかと言うと「知識・技能」の「知識」に重点を置いたものであり，領域で言うと，「読むこと」です。

　次は，聞いた内容を基に，単語を選択する「知識・技能」の問題となります。

問2　Ken は，話そうと思った単語が思い浮かばず，なんとか英語で，それを説明しようとしています。No.1～No.4を聞き，Ken が説明しようとしているものをア～カの中から1つずつ選び，記号で答えなさい。

　選択肢　ア　winter　　イ　station　　ウ　library　　エ　umbrella　　オ　dictionary
　　　　　　カ　hospital

放送文

No.1 Ken：Ah…, it's a building. When we are sick, we go there.

No.2 Ah…, there are many books and we can borrow books. We can sit at the desk and study.

No.3,4 （省略）

2 なぜ文脈の中でなのか？

では，語彙知識を，なぜ文脈の中で測ろうとしているのでしょうか。これは全て「**実際のコミュニケーションにおいて活用できる技能を身に付ける**」というところからきています。

私は現在，大学教員として大学生に授業をしていますが，ライティング課題で，次のように書いてきた学生がいました。What is your happiest happening in your life? People experience good and bad things in everyday life. For me, the happiest happening in my life is passing the entrance examination and getting into the university which I have wanted to enter.

何か感じますか？　実は，語彙知識を，英語＝日本語の一対応で学習してきている弊害がここに現れています。「happening ＝ 出来事」と覚えてしまっているのです。happening を英英辞典で引いてみると，「something that happens, especially a strange event（ロングマン現代英英辞典5訂版）」と出ています。おそらく「英語＝日本語」の一対応で身に付けてしまったため，産出語彙となったときには，このような誤りとなってしまったのだと思います。

実際，中学生に語彙知識を調査したところ，下記の正答率になっています。

○「またお会いできて嬉しいです」

　Nice to（meet/see）you again.　　【正答率7.2%】

○「3日後に札幌に行かなくてはいけません」

　I have to go to Sapporo（in three days/three day later）.　　【正答率16.8%】

○「あなたはどう思いますか」

　（What/How）do you think?　　【正答率31.6%】

「会う＝ meet」や「〜後＝ later」「どう＝ how」という日本語＝英語の一対応で，語彙知識を身に付けているため，実際のコミュニケーションにおいて活用できる知識になっていないことが問題点であると考えます。

【参考文献】「中学生の適切な語彙使用に関する調査─母語による負の影響を視野に入れて─」『岐阜大学教育学部研究紀要』瀧沢広人・岡﨑伸一（2021）

1　文法の「知識」を評価する問題

　文法においても文脈から切り離さず，場面の中で提示するように作問します。例えば，従来は次のようにしていたところでも，新観点の評価テストでは，場面をつくります。

従来の問題　　**問1**　次の（　　）に入る語をア～エから1つ選び，記号で答えなさい。

　　　　　　　Tom and Miki（　　　　　）play basketball.

　　　　　　　ア　isn't　　イ　don't　　ウ　aren't　　エ　doesn't

新観点の問題　　**問2**　対話文の（　　）に入る語をア～エから1つ選び，記号で答えなさい。

　　　　　　　Jack：Where are Tom and Miki?

　　　　　　　Mami：I don't know. But why?

　　　　　　　Jack：I want to play basketball.

　　　　　　　Mami：Sorry, but Tom and Miki（　　　　　）basketball.

　　　　　　　ア　play　　イ　don't play　　ウ　are playing　　エ　doesn't play

　このように，文法の「知識」を問う問題であっても，単発で出すのではなく，文脈の中で提示し，文脈の理解なしでは正答に導けないようにします。文脈がなければ，問2は，アイウのどれもが正答になります。しかし，文脈から考えると，正答はイしかありません。このように，文脈から正解を判断できるようにし，実際のコミュニケーションの場において正確に使用できるかどうかを測ります。

2　文法の「技能」を評価する問題

　文法の「技能」を評価する場合も，文脈を活用するようにします。

従来の問題　　**問1**　（　　）内の指示に従って，英文を書き変えなさい。

　　　　　　　①　You play basketball.（疑問文に）

　　　　　　　②　You got up at 6 o'clock.（下線部を問う疑問文に）

　　　　　　　③　James lives in Japan.（for 5 years を文末に付けて）

新観点の問題　問2　教室で Jack が Miki に話しかけています。（　ア　）に適する一文を書きなさい。

> Jack：What do you do after school?
> Miki：I play tennis with my friends.
> 　　　（　　　ア　　　）?
> Jack：Yes, I do.
> Miki：O.K. Let's play tennis this afternoon.
> Jack：Sure.

問3　ケンはカレンを心配しています。（　　　）に入る文を書きなさい。

問4　あなたは新聞委員会の部員として，英語コーナーを担当しています。留学生の James を新入生に紹介することになりました。メモを参考に，James の紹介文を書きましょう。

＜メモ＞　①　出身国　　カナダ（Canada）
　　　　　②　特　技　　ピアノ
　　　　　③　その他　　日本に 5 年間住んでいる。

　このように書かせることで，コミュニケーションの場における文法使用の「技能」が評価でき，文法事項を正しく用いているか評価することができます。

　国立教育政策研究所は，「評価する対象の言語材料以外の言語材料における誤りで減点したり誤答としたりといった採点基準になっていないかを確認する（p.76）」とし，評価する言語材料以外の誤りは減点対象にならないとしています。

　例えば，問2は，Do you play tennis?/Do you like tennis? が正解ですが，do you play tennis? と，小文字で書き出していても，言語材料である一般動詞の疑問文の形はできているので，「知識・技能」は○になります。

【参考文献】『「指導と評価の一体化」のための学習評価に関する参考資料　中学校外国語』国立教育政策研究所　教育課程研究センター（2020年）

10 ルーブリック評価と評価法

1 「ルーブリック」評価

　ルーブリックの必要性は，評価の「信頼性」を確保するところにあります。つまり，生徒の学力を正しく測れるかという点になります。p.11でもそのことについては述べましたが，ルーブリックを作成したからと言って，完璧に評価できると言ったら，無理があります。美術展や書道展，さらに，フィギュアスケートや格闘技における競技判定においても，審査の観点はあるものの，審査委員によって評価点が異なるのは，よく目にすることです。学校教育は公教育ですから，説明責任を果たす必要があります。特に，「話すこと［やり取り・発表］」「書くこと」では，評価の客観性をもたせることは難しい面がありますので，評価ルーブリックを作成し，評価研究をする必要があるでしょう。

2 話すことの「ルーブリック」評価

　ルーブリック評価は，なるべく難しくせず，シンプルに考えたいものです。つまり，評価する際，いちいちルーブリックを見ながら行うのではなく，基本的に評価表を見ずにでも評価できるくらいでないと，実際の授業中の生徒の見取りはできないと考えます。

　本書で繰り返し述べていますが，「知識・技能」は，語彙や文法，発音等の**正確さ**，「思考・判断・表現」は，表現，応対の**適切さ**，「主体的に学習に取り組む態度」は，**コミュニケーションに向かう態度**で見取っていきます。

「話すこと［やり取り］」の評価基準例（ルーブリック）

	知識・技能 （語彙・文法, 発音等の正確さ）	思考・判断・表現 （表現, 応対の適切さ）	主体的に学習に取り組む態度 （コミュニケーションの態度）
a	語彙や文法，文構造の誤りが**ほとんどない。**（1～2個）	**適切に伝えられ**，会話が成立している。流暢さも見られる。	□複数の文を言おうとしている。 □対話をつなげようとしている。 □アイコンタクトがとれている。 □必要に応じて，ジェスチャーを用いている。 （3つ以上はa，2つはb）
b	語彙や文法，文構造の誤りが**多少ある。**（3～5個）	多少，意味の通じにくい時があるが，会話が成立している。	
c	語彙や文法，文構造の誤りが多く，課題が見られる。	会話の成立にやや課題がある。	

　それぞれの中身は，上記のように，「知識・技能」では「ほとんど誤りがない」をa，「多少

はある」をbとし，それ以下はc。また，「思考・判断・表現」では，適切にコミュニケーションが成立していればa，多少は意味が伝わらなかったところが見られればbとし，それ以下はc。「主体的に学習に取り組む態度」では，bの態度は見られないが，aの態度が見られる等のabcの優位が逆転することも考えられ，単純に，その時に理想とする「コミュニケーションの態度」がいくつ達成できているかで，評価するようにしています。

3　書くことの「ルーブリック」評価

　書くことでは，特に，まとまりのある作文を書かせた時に，基準（ルーブリック）が必要になります。あくまでも，評価にブレのないようにするためです。私も大学でライティングの授業で評価をする際，どうしても学生の作文を読み進めていくと，だんだんと評価が辛くなったり，自分でも学生に対する要求が同じ課題でありながら，要求が高くなったり，その時その時で，印象が違ってきてしまうことがあります。その度に，自らを問い直し，評価観点を確認することがあります。そのためのルーブリック（指針）となります。

「書くこと」の評価基準例（ルーブリック）

	知識・技能 （語彙・文法使用の正確さ）	思考・判断・表現 （まとまりや表現の適切さ）	主体的に学習に取り組む態度 （相手意識のある態度）
a	語彙や文法，文構造の誤りが，ほとんどない。	文と文のつながりが意識され，内容にまとまりがある。	□意味が伝わりやすくするように，接続詞等を効果的に用いている。 □相手意識をもち，配慮がある。 □文を丁寧な文字で書いている。 □たくさん文を書こうとしている。 （3つ以上はa，2つはb）
b	語彙や文法，文構造の誤りが**多少ある。（1〜3個）**	伝えたいことが伝えられ，一応意味が通る文章になっている。	
c	語彙や文法，文構造の誤りが多く，課題が見られる。	英文が単発に並んでおり，内容にまとまりがない。	

　「書くこと」においても，「知識・技能」は，語彙や文法使用の正確さで判断します。よって，作文の中に，語法上の誤りがあるかどうかで確認します。

　「思考・判断・表現」は，ただ文を連ねるのではなく，**伝えたいことを整理して，文と文に関連性をもたせ**，接続詞等を効果的に用い，読み手に伝わりやすく書いているかが，重要なポイントになります。そのためには，作問したら，教師が実際に模範解答をつくってみるといいでしょう。すると，どんなところが大切なポイントになるかが見えてきます。

　「主体的に学習に取り組む態度」では，その時に必要なコミュニケーションに向かう姿勢を項目立て，ここは生徒にあらかじめ提示しておくとよいでしょう。

11 「主体的に学習に取り組む態度」の評価

1 「主体的に学習に取り組む態度」とは

「主体的に学習に取り組む態度」については，『「指導と評価の一体化」のための学習評価に関する参考資料　中学校外国語』の中で，次を留意点としてあげています（p.30，強調は筆者）。

①**主体的に外国語を用いてコミュニケーションを図ろうとしている状況**を評価する。
②話したり書いたりして**表現したり伝えあったりしようとしている状況**を評価する。
③話されたり書かれたりする文章を聞いたり読んだりして，**必要な情報や概要，要点を捉えようとしている状況**を評価する。
④言語活動への取組に関して見通しを立てたり振り返ったりして**自らの学習を自覚的に捉えている状況**についても，特定の領域・単元だけではなく，年間を通じて評価する。

そして，④については，「自ら学習を調整しようとする側面」と「粘り強い取組を行おうとする側面」で評価することになります。

文部科学省は，「主体的に学習に取り組む態度」の評価は，「思考・判断・表現」と対の形となっていることから，基本的には一体的に評価することができると解説する一方，両者の結果は一致しない場合もあると言います（同書 p.79）。

しかし私は，英語授業における「主体的に学習に取り組む態度」は，独自に評価するべきだと考えています。コミュニケーションを図ろうとする態度の育成を意図的に行いたいです。

2 振り返りカードの実際

振り返りカードには，生徒の思いや考え，思考が見られる貴重な評価資料です。例えば，中学生は，次のような振り返りをしていました。

・**自分で考えて**，相手に何を聞き返せばいいのかなどを考えて書けるようになった。
・**できるだけ自分で考え**，例にないことを言ったりして工夫した。
・ペアの人が Please tell me more. ばかり使って全く自分の日本のよいところを言わなかったので，**なんとか言わせるように工夫した**。
・**同じような表現を使わず**，他の言い方を探してみるなどのことをした。

「自分で考えて」「できるだけ自分で考え」「完璧にするようにした」等，私はこれらを読んで，生徒の中に「粘り強い取組を行おうとする側面」が見られた記述であると感じました。

・最初，I don't agree with you. の表現しか使えなかったが，**途中で先生が Please explain about it. という表現を使っていたので，**活用することができた。
・自分が言いたい意見を英語で表現しようとした時に，何の単語を使うのかを考え，**文法に合わせて書くようにした。**
・僕はあまり単語を書けないので，**先生が例として言っていたことを自分のことに当てはめて書いた。**1回目は，賛成・反対を言わずに質問をしていたが，2回目は，相手の意見に対して，どう思っているのかを書けた。教科書に書いてある単語を多く使用した。

ここには，自分の思いだけで表現しようとするのではなく，先生が使っていた表現や，文法ルールに当てはめるなど，「**自ら学習を調整しようとする側面**」が見られます。

・I don't agree with you. で反対せず，I agree, but .... で**相手の意見も尊重する。**
・話の流れが切れないよう，できるだけ前に挙げた例や，相手の意見と関連させるよう意識した。**相手をストレートに否定しないようにした。**
・**分かりやすいように，**誰もが知っている代表的なものを話の主題にした。
・東，西の日本にある色々な県について，**具体的に書くようにした。**
・相手に英文でどう伝えるのか，**分かりやすく書いた。**

これらの記述から，**相手意識**が見られ，「主体的に外国語を用いてコミュニケーションを図ろうとしている状況」が感じられます。

しかしながら，振り返りカードはあくまでも**参考資料**ですので，このような振り返りが出された後，授業でその生徒を観察し，確かに態度として表れていたら，記録に残し，総括していくとよいでしょう。

また，「主体的に外国語を用いてコミュニケーションを図ろうとしている状況」の評価として，コミュニケーションを図ろうとする態度は，「相手の目を見て話している」「伝えたいことを伝えやすくするために，ジェスチャー等を用いている」「分かりやすく使えるために，はっきりとした発音で話している」「自ら話題をつくり，話を継続しようとしている」「頷いたり，相づちを入れたりしながら，相手も話を理解していることを示しながら聞いている」「分からないところは聞き返している」「丁寧な字で書いている」「読んだことに対して感想を述べている」等々，コミュニケーションを図ろうとしている態度の「理想」を，まずは，教師が書き出してみるといいでしょう。

---

12 テストにおける解答欄の工夫

1 2観点の問題

　評価テストでは，「知識・技能」「思考・判断・表現」の2つの観点の問題が混在します。評価は，観点別に行うことから，どの解答がどの観点であるか，採点の時に判別できるようにすると教師の仕事量を減らすことにつながります。方法としては大きく2つあります。1つは，大問ごとに「知識・技能」の問題であるか，「思考・判断・表現」の問題であるか，作問時から分けておくことです。もう1つは，解答欄の枠に観点のどちらかを**太線で囲っておくように**します。そうすることで，太線で囲っているものだけ数え，点数にし，細線は細線で点数を数え，「知識・技能」と「思考・判断・表現」を分けて点数を記述することができます。

2 大問が独立した観点になっている場合

　大問ごとに観点が分かれていれば，次のように問題文に【観点】を書いておくとよいでしょう。また，解答用紙は，太線で囲み，観点を区別できるようにします。

【英語を聞いて答える問題】

問1　新しいALTが全校朝会で，英語で自己紹介をしています。それを聞いて表の①④に入る語を聞き取り，日本語で書きなさい。　　　　　　　　　　【知識・技能】各2点

名　前	James Matthew	出身国	①
特　技	②	ペット	③
誕生日	④	スポーツ	サッカー

問2　No.1～No.3の短い対話文を放送します。その後，放送される質問の答えとして，最も適当なものをア〜エの中から1つずつ選び，記号で答えなさい。　【知識・技能】各2点

　　　No.1　ア　Yes, he will.　　　　　イ　No, he won't.
　　　　　　ウ　He will make dinner.　　エ　He will wait for his mother.
　　　No.2, 3　（省略）

問3　エミのスピーチを聞いて，後の問いに答えなさい。　　　　　【思考・判断・表現】各4点
　　　（放送文，問題は省略）

解答用紙

【英語を聞いて答える問題】

問1

①		②		③		④	月　　日

問2

①		②		③	

問3

①		②	
③		④	

知識・技能（　　　／14）　思考・判断・表現（　　　／16）

3　大問の中に２つの観点が混在している場合

大問の中に，「知識・技能」と「思考・判断・表現」の問題が混在している場合は，解答欄の一方を太くしておくだけでも効率的です。

【英語を読んで答える問題】

問1　　James（ジェームス）が夏休みに，岐阜にある杉原千畝記念館を尋ねたときのことを英語通信で紹介しています。杉原千畝さんとはどのような人で，何をした人なのでしょうか。（本文及び問い：省略）

解答用紙

問1

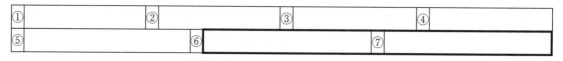

①		②		③		④	
⑤		⑥		⑦			

知識・技能（　　　／4）　思考・判断・表現（　　　／10）

Column　学習指導要領改訂は，教師のよい研修となる！

　2021年度から，学習指導要領が全面実施となり，小学校で英語教育が教科となったことから，教科書で扱う内容も大きく変わりました。今までは，中学１年生の４月は，アルファベットから教えましたが，アルファベットは小学校で学習してきます。また，簡単な語彙600〜700語は，「聞く・話す」を通じ，音声で慣れ親しんできます。さらに，基本表現も言語活動を繰り返しながら，その一部は発信表現となり，中学校に進学してきていることでしょう。今こそ，変わらなくてはいけないのは，中学校教員なのではないかなと思います。

　私は度々「学習指導要領改訂は，教員のよい研修になります」と言ってきました。私自身，教員時代は，学習指導要領が改訂される度に，旧学習指導要領の目標や内容すら，生徒に身に付けさせていないことを悔やむと同時に，新学習指導要領及び解説編を繰り返し読みながら，授業の理想を描いていきました。

　今回の改訂は，授業もさることながら，「評価」も新しい３観点となり，教員にとっては，よい研修チャンスになるでしょう。数年前の，「評価はどうしたらいいでしょうか」という質問が最近では，「どんな評価テストを作ったらいいのですか」という現実味を帯びた質問に変わってきました。本書の企画も，そこを解決するために考えられたものになります。

　Chapter2〜4は，具体的な評価テストを提案していきます。あまり難しく考えることなく，今まであった問題を「知識・技能」「思考・判断・表現」に分けてみるという視点が大事なのではないかと考えます。

　拙著の「高校入試力に挑む」シリーズの３部作『文法入試力』『"読解"入試力』『作文入試力』は，テスト問題に対し，どのように生徒が対応したらよいかという「指導」についても触れていますので，授業での参考になるかと思います。

　それでは，新しい英語教育を楽しみながら，生徒に力を付けていきましょう！

【参考図書】
『英語授業の「幹」をつくる本　中学校英語　テスト編』北原延晃（ベネッセコーポレーション）
『全国高校入試問題正解　英語』（旺文社）
『中学英語　高校入試力に挑む１　文法入試力』瀧沢広人（明治図書）
『中学英語　高校入試力に挑む２　"読解"入試力』瀧沢広人（明治図書）
『中学英語　高校入試力に挑む３　作文入試力』瀧沢広人（明治図書）
『ビギナー教師の英語授業づくり12　中学英語定期テスト　作問の鉄則・良問の条件』瀧沢広人（明治図書）

1 「聞くこと」の評価テスト

評価の観点：知識・技能
言語材料：〔主語＋動詞＋目的語（1人称・2人称）〕
実施時期：1学期

1 問題作成のねらい

「知識・技能」は，「言語材料がどの程度理解できているか（知識）」「言語材料が実際のコミュニケーションにおいてどの程度活用できるか（技能)」の2方向で作成する。

そこで，対話文における「疑問文やその答え」「否定文と肯定文」を聞き取る力を確かめるために，ジョセフとマキの対話を聞かせ，その内容を正しく理解できているかを測る。

2 評価規準

否定文や疑問文，肯定文の入っている対話文を聞いて，内容を正確に捉える技能を身に付けている。　　　　　　　　　　　　　　　　　　　　　　　　　　　　　　　　【知識・技能】

3 解答および解説

解答　(1) リンゴ　　(2) パイナップル　　(3) うさぎ　　(4) そば

解説　(1) ジョセフのセリフである I'd like pineapple juice, please. I don't like apples. からきらいなのはリンゴという答えになる。

(2) マキのセリフ，Really? I like apples. I don't like pineapples. により，きらいな果物はパイナップルとなる。

(3) マキのセリフ，No, I don't. I have a rabbit. から，飼っている動物はうさぎということになる。

(4) ジョセフのセリフ，Really? I like *soba*. から，好きな日本食はそばということになる。

4 言語活動へのヒント

Do you like/have ...? は，小学校で十分に慣れ親しんできている表現である。

しかしながら，Yes, I do. No, I don't. という答え方は，コミュニケーション上，Yes. No. で済ますことがあるため，きちんと答え方を指導し，理解させておくことが，言語材料の正確な「知識・技能」として大切であると考える。

5 評価テスト例

【英語を聞いて答える問題】 　　　　　【知識・技能】(各2点×4＝8点)

ジョセフ (Joseph) とマキ (Maki) の対話を聞いて，聞き取った情報を表に埋めます。
(1)～(4)に入るものを日本語で答えなさい。

	きらいな果物	飼っている動物	好きな日本食
ジョセフ (Joseph)	(1)	犬	(4)
マキ (Maki)	(2)	(3)	納豆

<u>放送文</u>

Maki ：Hi, Joseph. Welcome to my house.

Joseph ：Wow, a nice house.

Maki ：Thank you. What would you like to drink?
　　　　I have apple juice and pineapple juice.

Joseph ：I'd like pineapple juice, please. I don't like apples.

Maki ：Really? I like apples. I don't like pineapples. This is your juice.

Joseph ：Thank you. Maki, do you have a cat?

Maki ：No, I don't. I have a rabbit. Do you have any pets?

Joseph ：Yes. I have a dog.

Maki ：Wow! Do you like Japanese food?

Joseph ：Yes, I do. But I don't like natto. How about you?

Maki ：I like natto very much.

Joseph ：Really? I like *soba*.

「聞くこと」の評価テスト

評価の観点：知識・技能
言語材料：疑問詞（where/when/how ）／前置詞（after, before）
実施時期：2学期

1　問題作成のねらい

　授業で学習した言語材料を正確に理解し，実際のコミュニケーションにおいて活用できる技能となっているかを確認するため，言語材料の正確な聞き取りができるかをねらった問題である。このような形式にすることにより，疑問詞の when や where, how また，前置詞の after や before 等の意味が，正確に理解できているかどうかを測ることをねらいとする。

2　評価規準

　疑問詞の when や where, how を使った疑問文を聞いて，疑問詞の意味を正確に捉えたり，前置詞の after や before の意味を捉えたりする技能を身に付けている。　　　　　　　　【知識・技能】

3　解答および解説

　　解答　No.1　d　　No.2　a　　No.3　c　　No.4　c

　　解説　No.1　疑問詞の when が聞き取れているかの問題である。a や b を選択している場合は，when の意味や聞き取りが十分に理解できていないと判断する。

　　　　　No.2　疑問詞の how が聞き取れているかの問題である。how の質問に対応するのは a であるので，それ以外を選択している場合は，how の意味や聞き取りが十分に理解できていないと判断する。

　　　　　No.3　疑問詞の where が聞き取れているかの問題である。where の質問に対応するのは c であるので，それ以外を選択している場合は，where の意味や聞き取りが十分に理解できていないと判断する。

　　　　　No.4　疑問詞の when が聞き取れているかの問題である。a,b を選択している場合は，when の意味や聞き取りが十分に理解できていないと判断する。

4　言語活動へのヒント

　学習指導要領では，文法事項の扱いについて，関連のある文法事項はまとめて整理するとしている。疑問詞の意味や使い方については，機会があるごとに，意図的に疑問詞を用いた質問を生徒に投げかけ，コミュニケーションの中で理解の定着を図りたい。また，何が問われているかを聞き取ることは大切なことであるので，疑問詞を正確に聞き取るよう指導したい。

5 評価テスト例

【英語を聞いて答える問題】　　　　　　　【知識・技能】（各2点×4＝8点）

ケンタの1日の様子を表したイラストを見て，ALT のルーシー（Lucy）先生が，No.1からNo.4まで4つ質問をします。その答えとして，最も適切なものを，質問の後に放送されるaからdの中から1つずつ選び，記号で答えなさい。

No.1 ＿＿＿＿＿　　No.2 ＿＿＿＿＿　　No.3 ＿＿＿＿＿　　No.4 ＿＿＿＿＿

（朝のルーティーン）

（家に帰ってからのルーティーン）

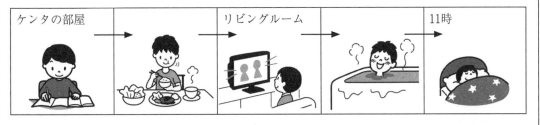

放送文

No.1　When does Kenta walk his dog?

　　　a. In the park.　　b. Yes, he does.　　c. After breakfast.　　d. Before breakfast.

No.2　How does Kenta go to school?

　　　a. By bike.　　b. With his friends.　　c. After breakfast.　　d. Yes, he does.

No.3　Where does Kenta do his homework?

　　　a. Before dinner.　　b. After dinner.　　c. In his room.　　d. No, he doesn't.

No.4　When does Kenta watch TV?

　　　a. In his room.　　b. In the living room.　　c. After dinner.　　d. Before dinner.

3 「聞くこと」の評価テスト

評価の観点：思考・判断・表現
言語材料：過去形を含む既習事項　　**場面**：教室での日常的な会話
実施時期：3学期

1 問題作成のねらい

　言語材料は，過去形を含む既習事項であるが，「思考・判断・表現」の問題では，個別の言語材料の知識や技能を測るのではなく，必要な情報や概要，要点を聞き取ったり捉えたりすることに主眼を置く。そのため，対話を聞き取り，その中から話の流れを理解したり，細かい詳細部分を聞き取らせたりする。今回は，「思考・判断・表現」の問題として，QA問題という方式をとった。

2 評価規準

　マキ（Maki）とジョセフ（Joseph）の対話を聞き，話の概要や要点を適切に捉えている。

【思考・判断・表現】

3 解答および解説

解答　No.1　c　　No.2　a　　No.3　a　　No.4　a

解説　No.1　What did Maki and Joseph talk about? ということで，どんな話がされていたか，その概要を捉える問題である。

　　No.2　Who did Joseph go to Kyoto with? ということで，ジョセフは誰と京都に行ったのかという要点を捉える問題である。

　　No.3　Where did Joseph go in Kyoto? ということで，京都のどこに行ったのかという要点を捉える問題である。

　　No.4　Did Joseph find his pictures? では，結局写真は見つかったのかどうかを尋ねる概要を捉える問題である。

4 言語活動へのヒント

　中学校の授業でも「英語の授業は英語で」が原則となった。そこで，言語活動を充実させるために，教師の最近の出来事や思い，考えを伝える Small Talk 後に，「先生はどんな話をしていた？」「何をしたって？」という確認を行い，話の概要や要点を捉えることを日常的に行うとよい。また，生徒にスピーチをさせ，スピーチの後の質疑，その後に，教師から内容について問うなどすることで，話の概要や要点をしっかり捉える習慣へとつなげることができる。

5 評価テスト例

【英語を聞いて答える問題】 【思考・判断・表現】（各2点×4＝8点）

　マキ（Maki）は，ジョセフ（Joseph）と休み時間，教室で話をしています。2人はどんな話をしているのでしょう。No.1〜No.4の質問の答えとして，最も適切なものを，質問の後に続く a〜c から選び，記号で答えなさい。

No.1　a　b　c　　　　　No.2　a　b　c　　　　　No.3　a　b　c　　　　　No.4　a　b　c

放送文

Maki : Hi, Joseph. What are you looking for?

Joseph : I'm looking for some pictures. I put them in my bag this morning, but I can't find them.

Maki : What are the pictures?

Joseph : Pictures of Kyoto. I went to Kyoto on my winter vacation.

Maki : Oh, did you go to Kyoto?

Joseph : Yes. My uncle and aunt came to Japan and we visited Kyoto this winter. It was my first time. We visited a lot of temples. I like Kinkaku-ji. It was so amazing.

Maki : Did you go to Byo-do-in? The temple is printed on the 10 yen coin.

Joseph : Really? I didn't go there but, I want to go next time. Oh, here they are. Look.

Maki : What are you eating?

Joseph : Yu-dofu. It was so delicious.

Maki : Yes. Tofu is very healthy too.

Questions

No.1　What did Maki and Joseph talk about?

　　a. A baseball team.　　b. Maki's winter vacation.　　c. Joseph's winter vacation.

No.2　Who did Joseph go to Kyoto with?

　　a. With his uncle and aunt.　　b. With his father.　　c. With his friends.

No.3　Where did Joseph go in Kyoto?

　　a. He went to Kinkaku-ji.　　b. He went to Byo-do-in.　　c. He ate Yudo-fu.

No.4　Did Joseph find his pictures?

　　a. Yes, he did.　　b. No, he didn't.　　c. No, Maki found them in his bag.

4 「読むこと」の評価テスト

評価の観点：知識・技能
言語材料：疑問詞（what/how many）／〔主語＋動詞＋目的語〕の疑問文
実施時期：1学期

1 問題作成のねらい

　1学期に学習する疑問詞（what/how many）及び〔主語＋動詞＋目的語〕の疑問文を読んでどのくらい理解できているかを問う問題である。問1では，疑問文を読み取り，その答えを選ぶことで，疑問文が正確に理解できているかどうかを測ることができる。また，問2では，問1と同様の問題内容ではあるが，会話文形式にし，疑問文の答えとなる文，また答えの文から適切な疑問文を選ばせ，言語材料の正しい理解ができているかを確認する。

2 評価規準

　疑問詞（what/how many）を用いた疑問文や〔主語＋動詞＋目的語〕の疑問文の意味を正確に捉える技能を身に付けている。　　　　　　　　　　　　　　　　　　　　　　　【知識・技能】

3 解答および解説

> **解答**　問1　(1) キ　　(2) カ　　(3) ア　　(4) エ　　(5) イ
> 　　　　　問2　(1) オ　　(2) ク　　(3) ウ　　(4) イ　　(5) カ

> **解説**　問1は，疑問文の意味を正確に捉え，その質問に合う答えを選ぶ問題であり，英文を正確に読む能力を測っている。特定の言語材料は，疑問詞及び〔主語＋動詞＋目的語〕の疑問文とその答え方にある。疑問文を読み，それに対応する応答文を選ぶことができることは，疑問文の意味の正しい読み取りができていることになり，言語材料の理解が確認できる。
> 　　　　　問2は，対話文の中で，疑問文に対する応答や疑問文を答える問題となっており，言語材料の意味を正確に理解しているかどうかを測る。文脈を伴うことから，実際のコミュニケーションの場において活用できる技能が身に付いているか確認できる。

4 言語活動へのヒント

　左側に疑問文，右側に答えの載っているプリント等を用い，ＱＡに慣れさせることが考えられる。プリントにして与えることで，生徒が自分1人でも学習することができる。

【参考文献】『授業をグーンと楽しくする英語教材シリーズ24　5分間トレーニングで英語力がぐんぐんアップ！　中学生のためのすらすら英会話100』瀧沢広人（明治図書，2013年）

---

5 評価テスト例

【英語を読んで答える問題】　　　　　　　　　　**【知識・技能】**（各1点×10＝10点）

問1　次の質問に合う答えを右のア〜キの中から1つずつ選び，記号で答えなさい。

(1)　A：You look happy. What do you have in your hand?

　　　B：(　　　　　　　　　　　)

(2)　A：Let's go and eat lunch. Do you like Japanese food?

　　　B：(　　　　　　　　　　　)

(3)　A：This comic is fun. How many comic books do you have?

　　　B：(　　　　　　　　　　　)

(4)　A：This cat is so cute. What's this black one?

　　　B：(　　　　　　　　　　　)

(5)　A：Let's play outside. What sports do you like?

　　　B：(　　　　　　　　　　　)

ア	I have ten.
イ	Soccer and baseball.
ウ	I am 13.
エ	It's a dog.
オ	Yes, I am.
カ	Yes, I do.
キ	I have a picture.

問2　次の下線①〜⑤に当てはまる文を ア〜クの中から1つずつ選び，記号で答えなさい。

Saki：Hello. Nice to meet you. My name is Saki. What is your name?

Bob ：(1)＿＿＿＿＿＿＿＿ Call me Bob.

Saki：You have a nice bag. Are you from the U.S.?

Bob ：(2)＿＿＿＿＿＿＿＿ I'm from Australia.

Saki：I can see an American flag on your bag.

Bob ：Yes. This is a birthday present from my uncle in the U.S.
　　　Do you play sports?

Saki：(3)＿＿＿＿＿＿＿＿ I like table tennis. (4)＿＿＿＿＿＿＿＿

Bob ：I don't play table tennis, but I play soccer and baseball.

Saki：Let's play table tennis. I have rackets.

Bob ：(5)＿＿＿＿＿＿＿＿

Saki：I have two.

選択肢

ア　I'm from the U.S.　　イ　How about you?　　ウ　Yes, I do.　　エ　No, I don't.

オ　My name is Robert.　カ　How many rackets?　キ　Yes, I am.　ク　No, I'm not.

---

5 「読むこと」の評価テスト

評価の観点：知識・技能／思考・判断・表現
言語材料：動詞（grow/live/give）／前置詞（after, before）　　**場面**：英語の授業でスピーチをしている
実施時期：2学期

1 問題作成のねらい

　問1は，「知識・技能」の問題とし，基本的な動詞の意味を理解しているかを文脈の中で測る。動詞の意味を理解し，実際のコミュニケーションにおいて活用できる技能となっているのかを確認する問題としている。問2では，「思考・判断・表現」の問題として，本文の内容に合う英文を選ぶ問題形式を用いた。作問で留意しなくてはいけないことは，今回のように，問1の問題で使われている㋐〜㋒の内容は，問2の設問では使えないということである。

2 評価規準

・スピーチ文を読み，前後の文脈から，動詞の意味を正確に捉え，活用する技能を身に付けている。　　　　　　　　　　　　　　　　　　　　　　　　　　　　　　　【知識・技能】
・タケシのスピーチ文及び，その後の質疑応答の様子を読み，英文の概要や要点を捉えている。
　　　　　　　　　　　　　　　　　　　　　　　　　　　　　　　　　【思考・判断・表現】

3 解答および解説

　解答　問1　㋐b　　㋑d　　㋒e　　　問2　c, d
　解説　問1は，前後の文脈に合わせて（　　）の中に動詞を適切に選択する問題であるが，「思考・判断・表現」の問題としてもよいが，語彙の意味理解を確認する意味で「知識・技能」に入れている。この種の問題は，他に解答が可能なものはないかどうかをチェックする必要があるので，留意したい。
　　　　問2は，英文の内容に合うものを選ぶ問題である。こちらは特定の言語材料というよりも，英文全体の読み取りの状況を確認するところから，「思考・判断・表現」の問題として設定する。

4 言語活動へのヒント

　今回のような「本文の内容に合う英文を選ぶ問題形式」では，答えの選択肢を選んだ際，本文のどこにそれが書かれていたかどうか線を引かせることを習慣にするとよい。これは，日常の教科書を扱った場合でも，同様に線を引かせる。Where can we find the information? と投げかけながら，We can see it in the third line. のように答えの根拠を示すようにするとよい。

5 評価テスト例

【英語を読んで答える問題】　　　　　　　【知識・技能】（6点）【思考・判断・表現】（4点）

　タケシ（Takeshi）は英語の授業で，身近な人を話題にスピーチをしています。どんなことを話題にしているでしょうか。問1及び問2に答えなさい。

Takeshi : Hello, class. Today, I'm going to talk about my grandfather. This is my grandfather. His name is Kenzo. He is 68 years old. He（　ア　）near my house. He doesn't work now but he does farming every day. He（　イ　）a lot of vegetables and fruit. He（　ウ　）a lot of fresh vegetables and fruit to me. I like his blueberries very much. He does not like cucumbers. He can do *kendo* very well. He is strong. Do you have any questions?

Maki : What vegetable do you like?

Takeshi : I like tomatoes. How about you, Maki?

Maki : I don't like tomatoes, but I like cucumbers.

Takeshi : Any questions?

Taku : Does your grandfather get up early?

Takeshi : Yes. He gets up before 5.

問1　㈠〜㈦に当てはまる語を，a〜f の中から1つずつ選び，記号で答えなさい。

【知識・技能】

a. plays　　b. lives　　c. makes　　d. grows　　e. gives　　f. comes

問2　スピーチ文とその後の質疑応答の内容に合うものを，次の a〜e の中から2つ選び，記号で答えなさい。　　　　　　　　　　　　　　　　　　　　　【思考・判断・表現】

　a.　Takeshi likes vegetables and fruits. He likes farming.

　b.　Takeshi's brother is Kenzo. He doesn't work but he does farming.

　c.　Kenzo does *kendo* and he is good at it.

　d.　Takeshi likes tomatoes but Maki doesn't like them.

　e.　Kenzo likes cucumbers.

6 「読むこと」の評価テスト

評価の観点：思考・判断・表現
言語材料：過去形　　**場面**：お世話になった ALT にメールを送る
実施時期：3 学期

1 問題作成のねらい

　言語材料の過去形を用いた問題文を作成する際，今回は，中学生の日常生活の話題を取り上げ，部活動にした。また，3 学期であることから，冬の話題とし，北海道からお世話になった ALT にメールを送るという場面を設定した。また，問題形式としては，「タイトル・メイキング」と「空所補充」の方法を用いた。これらはどちらも，特定の言語材料を指定せず，英文を読んで，理解したことを基に，その要点となるタイトルを付けたり，前後の英文から，空所に適切な表現を入れることから，評価観点は「思考・判断・表現」となる。

2 評価規準

　ユミが書いた ALT に向けたメール文を読み，英文の概要や要点を捉えている。

【思考・判断・表現】

3 解答及び解説

　解答　問 1　a　　問 2　(1)　エ　　(2)　ウ　　(3)　ア

　解説　問 1 は，メール文にタイトルを付ける問題である。メール文全体の内容から要点を適切に捉えられるかと問う問題である。このメール文を最も適切に表しているのは，a の I have good news for you! である。

　　　　問 2 は，空所補充の問題である。(1)は，前後に「日本は冬」「北海道の冬が懐かしく思いますか」があり，「昨日の夜，雪がたくさんふったんだ」という英文が入る。(2)では，I remember them. They were really interesting. の them や They が指すものが選択肢にある必要がある。答えは，ウの You showed some pictures of summer Christmas at class. となる。(3)では，We got the first prize! から，アの We were really happy. が適切である。

4 言語活動へのヒント

　今回のようなタイトル・メイキングでは，話し手や書き手が一番伝えたいことの要点を把握することが大事である。そこで，教科書を用いた授業においても，一言で筆者は何が言いたかったのかを問うことで，話の要点を捉えたり，概要をつかんだりすることができる。

5 評価テスト例

【英語を読んで答える問題】 　　　　　　　　　【思考・判断・表現】（各2点×4＝8点）

ユミ（Yumi）は，以前お世話になった ALT にメールで最近の様子を伝えています。何について書いているのでしょうか。問1及び問2に答えなさい。

Date：January 19

Subject：（ 　　　　ア　　　　 ）

To：Mike

From：Yumi

Hello. How's it going? It is winter in Japan now.[　　(1)　　] Do you miss in Hokkaido? How are you spending summer in Sydney? Did you enjoy Christmas on the beach? [　(2)　] I remember them. They were really interesting.

I have good news for you. Our team joined *judo* tournament last week and we won a championship. We got the first prize! [　(3)　] This is the gold medal. Can you see it?　I sleep with the medal.

What time is it in Sydney? It is almost 11 p.m. Now it's time to go to bed.

Good night!

問1　（　ア　）にタイトルを入れるとしたら，どのタイトルが最も適切ですか。1つ選び，記号で答えなさい。

　　a.　I have good news for you!　　b.　It is winter in Hokkaido.

　　c.　Do you miss our class?　　　　d.　Christmas in Japan!

問2　[　(1)　] ～ [　(3)　] に入る最も適当な英文を，次のア～カの中から1つずつ選び，記号で答えなさい。

　　ア　We were really happy.

　　イ　I am studying English hard.

　　ウ　You showed some pictures of summer Christmas at class.

　　エ　It snowed a lot here in Hokkaido.

　　オ　I like Christmas.

　　カ　We lost the game.

7 「話すこと［やり取り］」の評価テスト

評価の観点：知識・技能／思考・判断・表現／主体的に学習に取り組む態度
言語材料：be 動詞／一般動詞／can　　**場面**：クイズの答えを当てるため，質問をする。
実施時期：1 学期

1 問題作成のねらい

生徒は小学生の時，Do you like...？や Can you...？の表現には慣れ親しんできている。しかし，be 動詞については，習熟度は低いと予想する。そこで，be 動詞を用いた疑問文（Are you ...?）を使用する機会を設けるため Who am I クイズで，生徒が質問する形式をとった。

2 評価規準

・be 動詞や一般動詞，can などの特徴や決まりを理解し，Who am I クイズにおいて，相手に質問する技能を身に付けている。　　　　　　　　　　　　　　　　　　　　【知識・技能】
・Who am I クイズの答えを当てるために，質問内容を整理し，既習事項を用いて質問している。　　　　　　　　　　　　　　　　　　　　　　　　　　　　　【思考・判断・表現】
・Who am I クイズの答えを当てるために，質問内容を整理し，既習事項を用いて質問しようとしている。　　　　　　　　　　　　　　　　　　【主体的に学習に取り組む態度】

3 パフォーマンステスト　　**方法**　教師と生徒とのインタビュー形式　　**時間**　1分間

【ルーブリック評価例】

	知識・技能	思考・判断・表現	主体的に学習に取り組む態度
a	語彙や文法等の既習事項が，**ほぼ正確に**用いられている。	クイズの答えに近づくように，**様々な種類の質問を用いて，**質問することができている。	□積極的に質問している。□分からないことを聞き返している。**（対話の基本3原則）**□相づち
b	語彙や文法等の既習事項に，**やや誤りがある。**	クイズの答えに近づくように，質問することができている。	□アイコンタクト
c	**誤りや1～2語文が多く，**英文として成り立たない。	適切に質問することができていない。	□ジェスチャー（4つ以上はa，3～2つはb）

4 言語活動へのヒント

Who am I クイズ等のヒントクイズでは，教師がヒントを出す形式から，生徒が主体的に質問し，その答えを見つけていくアクティビティを授業中に行っていく。

5 評価テスト例（必要に応じて，ワークシートを見て行ってもよい）

パフォーマンステスト

基本的な質問にすらすら答えよう！

先生が出すクイズに，質問して答えを当てよう！　あなたの知っている英語をどんどん
使ってもいいよ。

Are you an animal?
Are you big?
Can you climb trees?
Do you like bananas?

実施例　挨拶をした後

S：Are you an animal ?　　　　　　　　T：Yes, I am.

S：Are you big?　　　　　　　　　　　T：Yes, I am.

S：What color are you?　　　　　　　　T：I am brown.

S：Are you good at climbing trees?　　T：No, I am not. I can walk in water.

S：Can you jump?　　　　　　　　　　T：No, I can't. I have a big mouth.

S：Do you live in Africa?　　　　　　　T：Yes, I do.

S：Are you a hippo?　　　　　　　　　T：That's right.

質問例

分野　　・Are you an animal?（a vegetable/a fruit/an anime character/a human）

大きさ　・Are you big?（small/tall/heavy/long/round/oval）

味　　　・Are you sweet?（sour/juicy/popular/delicious）

特技　　・Are you good at climbing trees?（running/swimming）

できること　・Can you run fast?（swim/jump/fly）

住んでいる所　・Do you live in Africa?（China/Australia/India/Japan/cold places）

好きなもの　・Do you like bananas?（*dorayaki*/carrots/bamboo trees）

8 「話すこと［やり取り］」の評価テスト

評価の観点：知識・技能／主体的に学習に取り組む態度
言語材料：疑問詞（what/when/where/how/why）を含む疑問文
実施時期：2学期

1 問題作成のねらい

　2学期は，様々な疑問詞を学習する。それらの疑問文が，実際のコミュニケーションにおいて活用できる技能になっているかどうか確認するために，インタビューテストを行う設定とした。「思考・判断・表現」を含めると，教師の投げかけが少なくなり，疑問詞への応答への「知識・技能」が十分測れないことから，今回は，「思考・判断・表現」は評価しないことにしている。

2 評価規準

・疑問文及びその答え方の特徴や決まりを理解し，教師の質問を理解し，答える技能を身に付けている　　　　　　　　　　　　　　　　　　　　　　　　【知識・技能】
・教師の質問を理解し答えるために，質問内容を整理し，既習事項を用いて質問しようとしている。　　　　　　　　　　　　　　　　　　【主体的に学習に取り組む態度】

3 パフォーマンステスト　方法　教師と生徒とのインタビュー形式　時間　1分間

【ルーブリック評価例】

	知識・技能	思考・判断・表現	主体的に学習に取り組む態度
a	質問に対して，**正確に答えられている**。		□質問に答えた後，＋αの情報を付け足そうとしている。
b	質問に対して，**やや誤りがある答えられている**。		**（発話の基本2原則）** □適切な声量で話している。 □発音に気を付けている。
c	質問に対して，**誤りや1〜2語文が多い**。		（3つはa，2つはb）

4 言語活動へのヒント

　基本的なQAについては，すらすら答えたり，質問することができたりすることが望ましい。そこで，授業においては，帯学習として，授業の最初に「すらすら英会話」などを用い，対話力の基礎を養いたい（参考図書は，p.46を参照）。

5 評価テスト例 （テストは以下のワークシートを見ずに行う）

パフォーマンステスト

すらすら QA に挑戦！

　先生が出す質問に，自分のこととして答えよう！　質問に答えたら，１文～２文付け足すなど，＋αの情報を付け加えましょう。

　相づち，アイコンタクト，ジェスチャーの対話の基本３原則も忘れずに！

When do you practice *kendo*?

I practice it on Wednesday and Saturday.

質問例

Questions	Sample Answers
1. **When** is <u>your birthday</u>?	1. My birthday is July 21st.
2. **What** do you want for your birthday?	2. I want shoes.
3. Do you have any brothers or sisters?	3. I have one brother.
4. Do you have any pets?	4. Yes, I do. I have a dog.
5. **Where** do you live?	5. I live in kita-machi.
6. **How** do you come to school?	6. I come to school by bike/on foot.
7. Do you play any sports?　How **often** do you play it a week?	7. Yes, I do. I play soccer.　I play it six days a week.
8. **What** is your favorite <u>food</u>?	8. My favorite food is spaghetti.
9. **What** <u>seasons</u> do you like?　**Why** do you like it?	9. I like summer.　Because ….
10. **What time** do you usually <u>get up</u>?	10. I usually get up at 6:30.

9 「話すこと［やり取り］」の評価テスト

評価の観点：知識・技能／思考・判断・表現／主体的に学習に取り組む態度
言語材料：過去形（be 動詞・一般動詞）　**場面**：友達との久しぶりの会話
実施時期：3学期

1 問題作成のねらい

　場面設定を，「友達との久しぶりの会話」とした。そのため，お互いに最近の出来事などを話題に，ペアで対話をさせ，その様子からパフォーマンス評価を行うことを考えた。

2 評価規準

・過去形の文の特徴や決まりを理解し，最近の様子を伝えたり，相手からの質問に答えたりする技能を身に付けている。　　　　　　　　　　　　　　　　　　　　　【知識・技能】

・やり取りが十分行えるよう，質問に答えたら，話題に関連する1文を付け足す等，＋αの情報を付け加えている。　　　　　　　　　　　　　　　　　　　　【思考・判断・表現】

・やり取りが十分行えるよう，質問に答えたら，話題に関連する1文を付け足す等，＋αの情報を付け加えようとしている。　　　　　　　　　【主体的に学習に取り組む態度】

3 パフォーマンステスト　　　　　　**方法**　生徒徒同士の対話形式　**時間**　2分間

【ルーブリック評価例】

	知識・技能	思考・判断・表現	主体的に学習に取り組む態度
a	過去形の肯定文や否定文，疑問文を**ほぼ正確に**活用できている。	発話を十分に行い，質問に答えたら**1文〜2文付け足す**等，**十分な**情報を付け加えている。	□質問に答えた後，＋αの情報を付け足そうとしている。（bをクリアした上で）
b	過去形の肯定文や否定文，疑問文を**多少誤り**が見られる。	発話を十分に行い，質問に答えたら，1文を付け足す等，情報を付け加えている。	**(発話の基本2原則)** □適切な声量　□正確な発音 **(対話の基本3原則)** □相づち　□ジェスチャー
c	対話のやり取りに対して，**誤りや1〜2語文の発話が多い**。	相手の質問に答えるのみで，＋αの情報を付け加えていない。	□アイコンタクト （3つ以上はb，2つ以下はc）

4 言語活動へのヒント

Small Talk において，トピックを与え，ペアで会話する機会を設けるようにしたい。

---

5 評価テスト例 （テストは以下のワークシートを見ずに行う）

パフォーマンステスト

ペアで対話しよう！

　今日はまだ，あなたはペアの友達と話をしていません。そこで，昨日のことや先週のこと等，最近の出来事を話題にします。やり取りが十分行えるよう，質問に答えたら，１文〜２文付け足すなど，＋αの情報を付け加えながら行いましょう。

　相づち，アイコンタクト，ジェスチャーの＜対話の基本３原則＞も忘れずに！

What did you do last night?

I watched YouTube last night.
I like watching movies.

質問例

Questions	Sample Answers
1. What did you do last night?	1. I studied English. It was fun.
2. How long did you study it?	2. I studied it for two hours.
3. What time did you go to bed?	3. I went to bed at 11:30.
4. Were you sleepy/busy/happy?	4. No, I wasn't. I was good.
5. What else did you do last night?	5. I read a book. It is Peter Rabbit.
6. How do you like it?	6. It is fun and interesting.
7. Did you watch TV last night?	7. Yes, I did. I enjoyed watching Comedy.
8. What did you eat for dinner?	8. I ate curry and rice. I like it.
9. Did you play sports yesterday? When do you practice *kendo*?	9. Yes, I did. I went to *Kendo* class. I go to *kendo* class on Thursday.
10. Where did you go last weekends?	10. I went to Osaka last Sunday.

10 「話すこと［発表］」の評価テスト

評価の観点：知識・技能／思考・判断・表現／主体的に学習に取り組む態度
言語材料：be 動詞／一般動詞／can　　場面：クラスメイトの前で自己紹介をする
実施時期：1 学期

1　問題作成のねらい

　中学 1 年生の 1 学期の発表は，自己紹介が定番である。小学校の頃から，生徒は自己紹介を度々行っているが，お互いをよく知るためにという目的でパフォーマンス課題を設定した。

2　評価規準

・発音やイントネーション，ストレス等，音声上の決まりを理解し，音声化する技能を身に付けている。　　　　　　　　　　　　　　　　　　　　　　　　　　　　　【知識・技能】

・お互いのことを更によく知るために，伝えたい内容を整理し，友達の気づかない自分の一面を紹介している。　　　　　　　　　　　　　　　　　　　　　　　【思考・判断・表現】

・発話を伝えやすくするために，適切な音量ではっきりと話したり，正確な発音をしたり，物などをみんなに見えるように提示しようとしている。　　　【主体的に学習に取り組む態度】

3　パフォーマンステスト　　方法　スピーチ／Show and Tell 形式　　時間　1 分間

【ルーブリック評価例】

	知識・技能	思考・判断・表現	主体的に学習に取り組む態度
a	発音やイントネーション，ストレス等，**ほぼ正確に**，音声化する技能を身に付けている。	伝えたい内容を整理し，新たな自分の一面を，**具体的な事例を基に**紹介している。	□物などがみんなに見えるように提示しようとしている。（b をクリアした上で）
b	発音やイントネーション，ストレス等，**やや課題が見られる**が，音声化する技能を身に付けている。	伝えたい内容を整理し，新たな自分の一面を紹介している。	**（発話の基本 2 原則）**□正確な発音　□適切な声量**（対話の基本 3 原則）**□相づち　□アイコンタクト□ジェスチャー（3 つ以上は b，2 つ以下は c）
c	発音やイントネーション，ストレス等，**課題が見られる**。	適切に自分の一面が紹介できていない。	

4　言語活動へのヒント

　よく知っている友達の場合には，共通点や相違点を見つけるなど，自己紹介に目的をもたせるようにする。共通点が見つかると，嬉しく感じるものである。

5 評価テスト例 （テストは以下のワークシートを見ずに行う）

パフォーマンステスト

自己紹介しよう！

　クラスの友達に，改めて自分を紹介してみましょう。友達が気づかないあなたの一面を紹介しましょう。同じクラスにいながら，まだお互いを知れていないことがあるかもしれません。物や写真を持ってきて見せてもいいね。

Hello. Do you like cooking?
Cooking is fun. Look. This is
a hamburger steak....

Wow, really?

Great!

友だちのスピーチに反応してみよう！

□本当？　Really?　　□いいね！　Nice!　　□うそ〜！　No kidding.

□私も！　Me too.　　□もう一度言って？　Pardon?　　□そうなんだ？　Uh-huh?

□もっと教えて　Tell me more.　　□信じられない！　Unbelievable!

□その通り！　That's right.　　□すご〜い！　Great!　　□まさか……　No way!

□見せて！　Show me, please.　　□どういう意味？　What do you mean?

□頑張って！　Good luck.　　□よく頑張った！　Good job.

11 「話すこと［発表］」の評価テスト

評価の観点：知識・技能／思考・判断・表現／主体的に学習に取り組む態度
言語材料：3人称単数現在形　　場面：家族や友達のことをよく知ってもらう
実施時期：2学期

1　問題作成のねらい

　3人称単数現在形を学習したら，話すこと［発表］において，家族または友達を紹介するプレゼンを行う。タブレット1人1台端末時代だからこそ，ICTの活用を図りたい。

2　評価規準

・3人称単数現在形の特徴や決まりを理解し，家族や友達のことについて伝える技能を身に付けている。　　　　　　　　　　　　　　　　　　　　　　　　　　　【知識・技能】
・家族や友達のことについて知ってもらうために，特徴を表す写真や物などを見せながら，伝えている。　　　　　　　　　　　　　　　　　　　　　　　　　　【思考・判断・表現】
・発話を伝えやすくするために，適切な音量ではっきりと話したり，正確な発音をしたり，物などをみんなに見えるように提示しようとしている。　　【主体的に学習に取り組む態度】

3　パフォーマンステスト　　　方法　プレゼン発表方式　　時間　1分間

【ルーブリック評価例】

	知識・技能	思考・判断・表現	主体的に学習に取り組む態度
a	発音やイントネーション，ストレス等，**ほぼ正確に**，音声化する技能を身に付けている。	特徴を表す写真や物などを見せながら，**発表を工夫し**，家族や友達について伝えている。	□bに加え，写真や物等の提示物を上手に活用している。
b	発音やイントネーション，ストレス等，**やや課題が見られる**が，音声化する技能を身に付けている。	特徴を表す写真や物などを見せながら，家族や友達について伝えている。	□発音に気を付けている。 □適切な声量で話している。 □相づち □アイコンタクト
c	発音やイントネーション，ストレス等，**課題が見られる**。	適切に家族や友達の紹介ができていない。	□ジェスチャー （3つ以上はb，それ以下はc）

4　言語活動へのヒント

　1人1台端末時代であるので，Small Talk等の時に，ペアで，友達や家族，先生の紹介を5文で行う練習を重ねる。また紹介後には，その人物についての質問を出すようにする。

パフォーマンステスト

家族 or 友達紹介　プレゼンに挑戦！

　あなたの家族や友達で紹介したい人はいますか？　その人たちのことについて知ってもらうために，特徴を表す写真やモノなどを見せながら，プレゼンしよう！
　相づち，アイコンタクト，ジェスチャーの対話の基本3原則も忘れずに！

> This is my brother. His name is Kenta.
> He is 9 years old. He can play basketball
> well. He likes ....

人の特徴や性格を表す言葉

He is ....　She is ....　They are ....

□背が高い　tall　　□優しい　kind　　□勤勉な　hardworking　　□賢い　smart

□明るい　bright　　□お金持ち　rich　　□楽しい　funny　　□真面目　honest

□素敵な　nice　　□可愛い　pretty/cute　　□かっこいい　cool

□若い　young　　□年をとっている　old　　□強い　strong　　□元気な　active

□よく話す　talkative　　□静か　quiet　　□いたずら好き　naughty

12 「話すこと［発表］」の評価テスト

評価の観点：知識・技能／思考・判断・表現／主体的に学習に取り組む態度
言語材料：既習事項　　**場面**：生徒のことをまだよく知らない先生に，自分のことを伝える
実施時期：3学期

1 問題作成のねらい

　多くの生徒と接している先生にとって，生徒のことを十分に理解していない面がある。そこで，トピックカードを用い，教師が Please tell me about your friends.（例：friends カード）と投げかけることで，生徒に自分に関することを話させ，その発話状況を評価する。

2 評価規準

- 既習の言語材料の特徴や決まりを理解し，自分に関することについて伝えたり，先生からの質問に答えたりする技能を身に付けている。　　　　　　　　　　　【知識・技能】
- 自分のことをまだよく知らない先生に，自分のことを伝えるために，トピックカードの内容に沿って，簡単な語句や文を用いて，伝えている。　　　　　　　　【思考・判断・表現】
- 自分が話していることが相手に理解してもらえているのかどうか確認するなど，相手意識をもって，自分のことを伝えようとしている。　　　　【主体的に学習に取り組む態度】

3 パフォーマンステスト　方法　教師と生徒とのインタビュー形式　時間　1分間

【ルーブリック評価例】

	知識・技能	思考・判断・表現	主体的に学習に取り組む態度
a	既習事項を用いて**ほぼ正確に**活用できている。	トピックカードに沿って，**内容を整理しながら**，簡単な語句や文を用いて，伝えている。	□相手の反応を確認したり，対応したりしながら，話そうとしている。
b	既習事項を用いて表現する際，**多少誤り**が見られる。	トピックカードに沿って，簡単な語句や文を用いて，伝えている。	□できるだけ多くの英語を話そうとしている。 （2つは a ，1つは b）
c	既習事項について，**誤りや1〜2語文の発話**が多い。	トピックカードの内容について，伝えることができない。	

4 言語活動へのヒント

　発表は，スピーチやプレゼン，Show and Tell ばかりではない。Please tell me about .... と言い，ちょっとしたことを語ってもらう「即興的な（準備のない）発表」もある。

5　評価テスト例 （テストは以下のワークシートを見ずに行う）

パフォーマンステスト

Please tell me about you!

　先生はまだ，皆さんのことをよく知らない部分があります。そこで，皆さんのことをよく知るために，トピックを用意しました。1つトピックを選びますので，その内容で，自分を語って下さい。

忘れずに！　●相手の反応を確認したり，対応したりして話そう。
　　　　　　●できるだけ多くの英語を話そう。

＜メモ＞

トピックカード

sports	friends	family	subject	food
holiday	hometown	pet	TV	comic/movie

---

13 「書くこと」の評価テスト

評価の観点：知識・技能／思考・判断・表現
言語材料：be 動詞／一般動詞／can　　　**場面**：様々な国の人の前で自己紹介をする
実施時期：1 学期

1 問題作成のねらい

　問1では，文構造（語順）の正確さを確認するために，「知識・技能」の問題として作成した。This is a picture of my dog. は，教科書に似た文が出ているため，その文構造の技能を測った。問2は，「思考・判断・表現」の問題とし，1学期であるので定番の自己紹介文とした。

2 評価規準

・語順等の文構造の決まりを理解し，それらを正確に用いて書く技能を身に付けている。
（問1）　　　　　　　　　　　　　　　　　　　　　　　　　　　　　【知識・技能】

・様々な国から集まっている人の前で，自分のことをよく知ってもらうために行う自己紹介文を書いている。（問2）　　　　　　　　　　　　　　　　　　【思考・判断・表現】

3 解答及び解説　＊紙面の都合上，問2のみ解答及び解説を行う

　解答　（例）Hello. My name is Hiroto Takizawa. Please call me Tacky.　I am from
　　　Tokyo, Japan. I am 13 years old. I'm a junior high school student. I like anime. Do you
　　　know "Kimetsu-no-yaiba"？ I have all the "Kimetsu-no-yaiba" comic books. I do
　　　karate. Thank you.

　解説　次の条件で採点する。
　　　　　＜条件1＞　挨拶で始められている。（1点）
　　　　　＜条件2＞　終わりは，Thank you./Nice to meet you. 等で終えている。（1点）
　　　　　＜条件3＞　5文以上で書いている。（5点）
　　　　　＜条件4＞　与えられた分量で書き，自分のことをよく知ってもらうために行う自
　　　　　　　　　　　己紹介文を，**伝えたい内容を整理し，他者意識をもって**書いている。
　　　　　　　　　　　（3点）

＊多く書いた生徒を評価するため，個人内評価として〔10文以上は AAA，8〜9文は AA，6〜7文は A〕と，生徒の解答用紙に記入し，「主体的に学習に取り組む態度」の評価の参考資料とする。

4 言語活動へのヒント

誰に対して書くのかを明確にし，聞き手を意識したライティングをさせるようにしたい。

5 評価テスト例

【英語を書いて答える問題】　　　　　【知識・技能】（10点）【思考・判断・表現】（10点）

問1　ケンは教室で，アメリカから来た留学生メアリーと英語で話をしています。①〜
⑤の〔　　〕内の語を並べ替え，意味の通る文にしなさい。　【知識・技能】各2点

Ken：Hi, Mary. ①〔 you/like/do/food/Japanese 〕？

Mary：Yes, I do.

Ken：②〔 you/what/like/do/food/Japanese 〕？

Mary：I like sushi, tempura, katsu-don, soba, udon ….

Ken：You like many Japanese food.

　　　③〔 is/favorite/your/food/Japanese/what 〕？

Mary：My favorite Japanese food is sushi. I love sushi.

Ken：What do you have in your hand?

Mary：④〔 is/this/a picture/my dog/of 〕.

Ken：Wow, it's so cute. ⑤〔 many/do/have/you/how/dogs 〕？

Mary：I have three.

問2　交換留学生として，アメリカに行ったあなたは，様々な国の人が集まる歓迎パー
ティーの席で自己紹介をすることになりました。あなたのことを知ってもらうため
に，どのような自己紹介をしますか。5文〜10文程度で書きなさい。

【思考・判断・表現】10点

---

14 「書くこと」の評価テスト

評価の観点：知識・技能／思考・判断・表現
言語材料：3人称単数現在形　　**場面**：ALT の紹介文を書く／ALT に質問する
実施時期：2学期

1 問題作成のねらい

　問1は，メモを基に書く形式とした。通常，この種の問題は，「知識・技能」として扱われることが多いが，与えられた情報をどのように英語に表すかを重視し，「思考・判断・表現」とした。問2では，英文の正確さと適切さの両面を評価する。

2 評価規準

・3人称単数現在形を含む疑問文の文構造の決まりを理解し，それらを正確に用いて書く技能を身に付けている。（問2）　　　　　　　　　　　　　　　　　　　　　【知識・技能】
・全校生徒に ALT のことを知ってもらうために，ALT の情報を基に，ALT の紹介文を書いている。（問1）　　　　　　　　　　　　　　　　　　　　　　　　　【思考・判断・表現】
・ALT や ALT の家族についてよく知るために，自己紹介の内容に即し，適切に質問する英文を書いている。（問2）　　　　　　　　　　　　　　　　　　　　【思考・判断・表現】

3 解答及び解説　＊紙面の都合上，**問1のみ**解答及び解説を行う

　解答例　Her name is Lucy. She is from Canada. She has two brothers and one sister. She does not have any pets. She can speak Japanese a little. Her birthday is February 3rd. She is good at piano. She does not like *natto*.

　解説　次の条件で採点する。
　　　　＜条件1＞　名前を紹介している。（1点）
　　　　＜条件2＞　出身地を紹介している。（1点）
　　　　＜条件3＞　5文以上で書いている。（5点）
　　　　＜条件4＞　与えられた分量で書き，**伝えたい内容を整理し**，ALT の紹介文を**他者意識をもって書いている。**（3点）

＊多く書いた生徒を評価するため，個人内評価として〔10文以上は AAA，8～9文は AA，6～7文は A〕と，生徒の解答用紙に記入し，「主体的に学習に取り組む態度」の評価の参考資料とする。

4 言語活動へのヒント

　第三者のことについて質問する場面を意図的に設け，Does で質問することに慣れさせたい。

5 評価テスト例

【英語を書いて答える問題】　　　　　　　【知識・技能】（5点）【思考・判断・表現】（15点）

問1　新聞委員会のあなたは，ALT の先生の紹介記事を英語で書くことになりました。次の情報を参考に，ALT の紹介文を，次の出だしに続いて，<u>5～10文の英文で書きなさい</u>。

【思考・判断・表現】10点

名前	Lucy	好きな果物	バナナ
出身地	カナダ	好きでない日本食	納豆
兄弟姉妹	兄2人，妹1人	するスポーツ	バレーボール
ペット	なし	住んでいる所	学校の近く
その他	・日本語が少し話せる。 ・ピアノを弾くのが得意である。　・誕生日は，2月3日である。		

学校新聞

News Topic 1

Hello, everyone. This is our new English teacher._____

_____

_____

_____

Let's enjoy talking with her!!

問2　新しい ALT の Lucy 先生が，英語の授業で，問1のような内容で自己紹介をしました。その自己紹介を聞いたあなたは，班を代表して<u>5つ</u>，英語で質問することになりました。自己紹介した内容を踏まえ，どのような質問をしますか。

【知識・技能】（5点）【思考・判断・表現】（5点）

① _____

② _____

③ _____

④ _____

⑤ _____

15 「書くこと」の評価テスト

評価の観点：知識・技能／思考・判断・表現
言語材料：現在進行形／過去形　　**場面**：校内放送で休み時間の様子を伝える
実施時期：3学期

1 問題作成のねらい

問1は，現在進行形の定番である「絵を見て，行っていることを伝える活動」である。解答及び解説でも書いたが，現在進行形のbe動詞＋動詞ingの部分の正確さを見る。問2では，過去形を用いた質問に答える形式として「知識・技能」の評価問題とした。また，＋αの情報を付け足すことで，「思考・判断・表現」の問題にした。

2 評価規準

・現在進行形の特徴や決まりを理解し，それらを正確に用いて書く技能を身に付けている。（問1）　　　　　　　　　　　　　　　　　　　　　　　　　　　　　【知識・技能】
・ALTからの質問に答えるために，昨夜のことについて過去形を正確に用いて書く技能を身に付けている。（問2）　　　　　　　　　　　　　　　　　　　　　　　　　【知識・技能】
・ALTからの質問に答えるために，昨夜のことについて返答した後，情報をプラスして書いている。（問2）　　　　　　　　　　　　　　　　　　　　　　　　　　【思考・判断・表現】

3 解答及び解説　＊紙面の都合上，問1のみ解答を行う

　解答例　問1　Tom and Ken are playing soccer in the playground.
　　　　　　　　　　Mary is reading a book under the tree. など
　　　　　　問2　（省略）

　解説　問1　現在進行形の「知識・技能」を測る問題であるので，コミュニケーションに支障をきたすことでなければ，「be動詞＋動詞ing」の部分が正しく書けていれば正答とする。
　　　　　問2　コミュニケーションに支障をきたすことでなく応答できていたり，過去形の部分が正しく書けていたりすれば「知識・技能」として1点とする。また，内容に合うプラスの情報が書かれていれば「思考・判断・表現」として1点とする。

4 言語活動へのヒント

質問に答えたら，複数文，情報を付け足すことを日常から習慣にしておくとよい。

5 評価テスト例

【英語を書いて答える問題】　　　　　　　【知識・技能】（15点）【思考・判断・表現】（5点）

問1　今日は English Day で，校内放送を英語で行う日です。放送委員会のあなたは，昼休みの生徒の活動の様子について，実況することになりました。次の生徒の様子を見て，「誰が（どこで・誰と）何をしているか」を中継する英文を5文，書きなさい。

【知識・技能】10点

問2　あなたは ALT と1分間の面接テストを行っています。(1)〜(5)の空所に，あなた自身のこととして，2文の英語で書きなさい。

【知識・技能】5点【思考・判断・表現】5点

ALT：Hello. Let's begin interview test. What time did you go to bed?

あなた：[　　(1)　　]

ALT：Were you busy last night?

あなた：[　　(2)　　]

ALT：What did you eat for dinner?

あなた：[　　(3)　　]

ALT：Did you study last night?

あなた：[　　(4)　　]

ALT：What else did you do?

あなた：[　　(5)　　]

16 「語彙・文法」の評価テスト

> **評価の観点**：知識・技能
> **言語材料**：語彙／be 動詞及び一般動詞の疑問文
> **実施時期**：1 学期

1 問題作成のねらい

　問1は，「語彙」の知識を測り，試験範囲内の語彙の綴りが正しく書けるかどうか確認する。毎回，評価テストの際に，語彙の綴りを確認する問題を出題し，試験前に単語練習する波及効果をねらう。問2は，「文法」の知識を測る問題として，疑問文を取り上げた。

2 評価規準

・場面や状況に応じ，語彙を選択し，正しく綴る技能を身に付けている。　　　　【知識・技能】
・be 動詞及び一般動詞を用いた疑問文の特徴や決まりに関する事項を理解し，実際のコミュニケーションにおいて，疑問文を正しく書く技能を身に付けている。　　　　【知識・技能】

3 解答及び解説

> **解答**　問1　Call　② from　③ good　④ fan　⑤ popular
> 　　　　問2　(1) ク　(2) キ　(3) ウ　(4) ア　(5) イ
>
> **解説**　問1　①は，「私をビルと呼んで下さい」の Call が入る。大文字で書き始められていない場合は，－1点とする。②は，出身地を言う時の表現で，from が入る。③は，「～が得意である」という意味の good が入る。この②③は，小学校英語で十分に慣れ親しんでいる語彙である。④⑤は，教科書に出ている語彙で，綴りが書けるようにしておきたい語彙として出題する。
> 　　　　問2　(1)は，一般動詞の like があるので，Do が入る。(2)は，動詞がないので，be 動詞の Are が入る。(3)も，動詞がないので，this に対応する be 動詞を選ぶ。(4)は，It is a rabbit. と答えていることから「これは何ですか」となる What を選ぶ。(5)は，答えの文から時刻を尋ねていることが分かる。

4 言語活動へのヒント

　一番の理想は，問2の(1)で，*Are you like winter? とした場合，「あれ？おかしいぞ」「Do you like.... だよな」と，生徒が理屈でなく感覚的におかしいと気づけることである。そのために，複数の疑問文を整理した QA 活動を行う。特に be 動詞を使う疑問文や，一般動詞を使う疑問文が区別できるように，実際のコミュニケーションを通じ，感覚的に理解させていく。

5 評価テスト例

【語彙や文法に関する問題】 　　　　　　　　【知識・技能】（各1点×10＝10点）

問1　ALT のビル（Bill）先生が教室で自己紹介をしています。（　　）内に入る適切な英語を，それぞれ1語書きなさい。ただし，答えは全て（　　）内に示された文字で書き始めなさい。 　　　　　　　　　　　　　　　　　　　　　【知識・技能】5点

Hi, I'm William.　①（ C　　 ）me Bill. I'm　②（ f　　 ）Canada. I am ③（ g　　 ）at soccer. Are you a soccer ④（ f　　 ）?　Soccer is a very ⑤（ p　　 ）sport in my country. Thank you.

問2　次の（　　）に入る最も適切な語または語句を，ア〜クの中から1つずつ選び，記号で答えなさい。 　　　　　　　　　　　　　　　　　　　　　【知識・技能】5点

(1)　Ken：（　　　 ）you like winter?
　　　Bill：Yes. How about you?

ア	What
イ	What time
ウ	Is
エ	How many
オ	Am
カ	Don't
キ	Are
ク	Do

(2)　Mami：（　　　　 ）you a good cook?
　　　Hiro　：Yes, I am. I like cooking.

(3)　Lucy：（　　　　 ）this your pencil case?
　　　Yuki：No, It is Maki's pencil case.

(4)　Ben　：（　　　　 ）is this?
　　　Mari：It is a rabbit. It's so cute.

(5)　Saki：（　　　　 ）is it?
　　　Bob：It is one o'clock.

17 「語彙・文法」の評価テスト

評価の観点：知識・技能	
言語材料：語彙／過去形／現在進行形	
実施時期：3学期	

1 問題作成のねらい

　問1は，「語彙」の知識を測る問題で，前後の文脈から適切な語彙を推測し，正しく綴ることができるかを問う問題である。問2は，「文法」の知識を測る問題として，（　　）内の語を違う形に変えたり，不足する語を補ったりして正しい文を完成することで文法理解を測る。

2 評価規準

- ・場面や状況に応じ，語彙を選択し，正しく綴る技能を身に付けている。　　　【知識・技能】
- ・現在進行形及び過去形を用いた疑問文の特徴や決まりに関する事項を理解し，実際のコミュニケーションにおいて，正しく表現する技能を身に付けている。　　　【知識・技能】

3 解答及び解説

解答　問1　① married　② arrive　③ saw　④ over　⑤ interested
　　　　　問2　⑴ am reading　⑵ drank　⑶ did not / didn't
　　　　　　　　⑷ How did / was wonderful

解説　問1　①は，「結婚した」という意味の（got）married が入る。②は，at Shinjuku とあるので，「何時に着いた？」の意味の arrive が入る。③は，「校庭で見たよ」の saw。④は，「向こうに」の over（there）が入る。⑤は，「～に興味がある」の interested が入る。
　　　　　問2　⑴は，現在進行形が理解できているか問う問題である。⑵は，drink の過去形の知識。⑶は，過去形の否定文の理解を確認する。⑷は，「どうやって山梨に行ったの」となるように，How did が入る。また，wonderful だけあるので，be 動詞を適切に補って表現する技能を測っている。

4 言語活動へのヒント

　「対話文ライティングリレー」を行う。例えば，Tom：What did you do last Sunday, Kumi? と書かれたワークシートに，クミのセリフを1文書いたら，次の人に渡す。また，次の人が1文書いたら，次の人に紙を回していく。このように対話をつなげていき，最後にどんな会話が出来上がっているのか読み合う。その後，疑問文の語順や時制などのエラーを修正していく。

5 評価テスト例

【語彙や文法に関する問題】　　**【知識・技能】**（問1各1点×5＝5点，問2各2点×5＝10点）

問1　対話文の（　①　）～（　⑤　）に入る適切な英語を書きなさい。

(1) Takeru：Look at this. This is my brother and his wife. They got（　①　）last
　　　　　　 week.
　　 Lucy　：Congratulations. Happy wedding!

(2) Mari：What time did you（　②　）at Shinjuku?
　　 Lucy：At 1 p.m. I enjoyed shopping there.

(3) Maki：I'm looking for Taku. Where is he?
　　 Bill　：I（　③　）him in the playground. Look! He is（　④　）there.

(4) Ken　：Are you（　⑤　）in Japanese culture?
　　 Libby：Yes. I like *ikebana*, flower arrangement and *sadou*, tea ceremony.

問2　次の(1)～(5)の対話が成立するように，（　　）内の語を適切な形に変えたり，不
　　　 足している語を補ったりして，会話が成り立つように英語を完成させない。

(1) Yumi　：What are you doing?
　　 Sue　　：I（ read ）a magazine about Japanese anime.

(2) Mami　：This is my favorite orange juice.
　　 Hiro　：Really? I（ drink ）it yesterday.

(3) Chinami：You look sleepy, John.
　　 John　　：Yes. I（ not ）sleep well last night.

(4) Ben　：（ How ）you go to Yamanashi?
　　 Mari：I took a night bus. It（ wonderful ）.

1 「聞くこと」の評価テスト

評価の観点：知識・技能／思考・判断・表現
言語材料：過去進行形／未来表現（be going to/will）　　**場面**：日常的な会話を聞く
実施時期：1学期

1 問題作成のねらい

　本評価テスト事例では，当初，「知識・技能」の問題として作成していた。しかし，(3)については，How about you? の質問に対する答えを選ぶということから，よくよく考えると対話の内容を理解し，その上で適切に未来表現が入っている英文を選択することから，評価観点は，「思考・判断・表現」に近いとし，観点を「思考・判断・表現」とした。また，(3)において前もって考えていたことを述べる be going to と，今とっさに思ったことを述べる will の違いを理解し，活用することのできる力も同時に測っている。

2 評価規準

- ・過去進行形や be going to, will の未来表現の入っている対話文を聞いて，内容を正確に捉える技能を身に付けている。(問題(1)及び(2))　　　　　　　　　　　　【知識・技能】
- ・Mary と Ken の対話を聞き，Mary の質問に対して，話の概要や要点を捉え，適切に返答する英文を選んでいる。(問題(3)　＊問題(4)は省略)　　　　　　　　　【思考・判断・表現】

3 解答および解説

解答　(1)　a　　(2)　b　　(3)　c　　(4)　（紙面の都合上）省略

解説　(1)　What were you doing? の過去進行形の質問を理解し，正確に答えられているかどうかを試す問題である。答えは，a. I was sleeping. となる。
　　　　(2)　What are you going to do for the homework? の are going to の部分を正確に聞き取らせ，適切な答えを選んでいるかの問題である。
　　　　(3)　How about you? の質問の意図を理解し，適切な答えを選んでいるかの問題である。よって，この(3)の形式では，評価観点は，「思考・判断・表現」となる。

4 言語活動へのヒント

　簡単な QA に正しく答えることは，必須の英語学力となる。授業の冒頭などで，すらすら英会話を用い，簡単な質問の100個程度には，すらすら答えられるだけの力を付けたい（参考文献は p.46）。また，すらすら英会話で習熟させた英文は，教師は生徒に質問を投げかけ，生徒は自分事として答え，答える際の正確さを，授業中に確認していくようにする。

5 評価テスト例

【英語を聞いて答える問題】　　　　　　【知識・技能】（4点）【思考・判断・表現】（4点）

　次の対話(1)〜(4)を聞き，それぞれの会話の最後の文に対する応答として最も適切なもの
を，その後に放送される a から c の中から1つずつ選び，記号で答えなさい。対話文と
質問，答えは二度放送されます。

(1) a　　b　　c　　(2) a　　b　　c　　(3) a　　b　　c　　(4) a　　b　　c

放送文

(1)　James：Maki, I called you last night, but you didn't answer my phone. Where were
　　　　　　　you?

　　　Maki　：Really, I was at home. What time did you call me?

　　　James：At 10. What were you doing?

　　　　　　　a. I was sleeping.　　b. I was busy.　　c. I finished my homework.

　　　　　　　繰り返します。

(2)　Kenta：Lucy *sensei*, do you have any plans for tomorrow?

　　　Lucy　：I'm going shopping. Why?

　　　Kenta：Maki and I are going to walk around our town. We have homework for 総合
　　　　　　　的な学習の時間.

　　　Lucy　：Oh, you are busy. What are you going to do for the homework?

　　　　　　　a.It was difficult.　　b.We are going to visit some shrines and temples.

　　　　　　　c.We went to the library.

　　　　　　　繰り返します。

(3)　Mary：Ken, are you free this Sunday? Tomorrow is Miki's birthday. Can you join the
　　　　　　　party?

　　　Ken　：Yes. I'm free this Sunday. Will you bring something for the party?

　　　Mary：Yes. I bought a nice towel. I will bring it and some juice. How about you?

　　　　　　　a.I am going to bring some snacks.　　b.I was making some cookies.

　　　　　　　c.I will buy a present and bring some snacks.

　　　　　　　繰り返します。

(4)　省略

2 「聞くこと」の評価テスト

評価の観点：思考・判断・表現
言語材料：不定詞　　**場面**：マイクの留守番電話をマキが聞いている
実施時期：2学期

1　問題作成のねらい

　不定詞の用法が入っている英文を聞き，その後，放送される文がその内容に一致していれば○を，一致していなければ×で答えるという「思考・判断・表現」の問題として作成した。答える選択肢には，全て不定詞が入っていることから，その部分だけを見ると，「知識・技能」としても扱えるが，メッセージの内容を理解した後に，正誤問題（○×問題）に答えること等，複数の情報を聞き取って答えるというプロセスから，「思考・判断・表現」としている。

2　評価規準

　マイクがマキの携帯電話に残したメッセージを聞き，その内容や要点を適切に捉えている。

【思考・判断・表現】

3　解答および解説

> 解答　No.1　○　　No.2　×　　No.3　×　　No.4　×　　No.5　○

> 解説　No.1　「買い物に行くために」というところから，答えは○になる。
>
> 　　　No.2　マイクがお父さんとモールに行った理由を適切に捉えているか確認する問題である。お昼を食べに行ったのではないので，答えは×である。
>
> 　　　No.3　動物のショーを見に行くわけではないので×となる。
>
> 　　　No.4　今日，マイクは，お土産を探しにいくのではなく「買いに行く」ので，×となる。
>
> 　　　No.5　メッセージから，バスのチケットをマキにあげることが話されているので，答えは○となる。

4　言語活動へのヒント

　中2の後半には，1文を長くする方法を学ばせ，必要な情報を1文の中に盛り込むようにします。例えば，I went to the park. に色々な語彙を付け足し，できるだけ長い文を作らせます。すると，Yesterday morning, I went to the park to walk my dog with my sister, Yuki and I saw a big dog there. のように，生徒はより長い文を作ろうとします。どんな文ができるか作らせながら，不定詞は情報を付け足すときに便利であることに気づかせます。

5 評価テスト例

【英語を聞いて答える問題】　　　　　　　　【思考・判断・表現】（各2点×5＝10点）

　マキは電話に気づかず，確認したら，マイクから留守番電話が入っていました。そのメッセージを聞き，その後に放送される，a〜eまでの英文がメッセージの内容と一致していれば○を，一致していなければ×を解答欄に書きなさい。

No.1　（　　　　　　　）

No.2　（　　　　　　　）

No.3　（　　　　　　　）

No.4　（　　　　　　　）

No.5　（　　　　　　　）

放送文

Mike：Hi, Maki. This is Mike. I am calling you to tell something about a plan for shopping. My father was going to take us to the mall by car, but he has to work today. So can we go by bus? We want to reach the mall by 2 p.m., so let's meet at the Yamate bus stop at 1:50. Last Sunday, I went to the mall with my father and I found nice gifts for my friend in the U.S. I want to buy them today. If you have a bus pass or ticket, don't forget to bring it. If not, I have bus tickets for you. See you at the bus stop at 1:50. Bye!

No.1　Mike and Maki will take a bus to go shopping.

No.2　Mike went to the mall with his father to eat lunch.

No.3　Mike and Maki are going to the mall to see an animal show.

No.4　Mike will go shopping to find some gifts for his friend in the U.S.

No.5　Mike will bring some bus tickets to give for Maki.

繰り返します。

3 「聞くこと」の評価テスト

評価の観点：知識・技能
言語材料：比較級／最上級／原級
実施時期：3学期

1 問題作成のねらい

言語材料は，比較級，最上級，原級である。グラフを読み取って，どのグラフが，どれを対象としたものであるかを聞き取る問題であり，「思考・判断・表現」としても十分であるが，本テストでは，言語材料の正確な理解を重きに置き，「知識・技能」として評価することとした。特に，クラス2B の男子では，Soccer is not as popular as baseball. 女子では，Tennis is the most popular. のそれぞれ1文から，判断しなくてはいけないため，「知識・技能」の意味合いが強いと判断した。

2 評価規準

ジョセフ（Joseph）のプレゼンを聞き，比較級，最上級，原級の特徴を理解し，内容を正確に捉える技能を身に付けている。　　　　　　　　　　　　　　　【知識・技能】

3 解答および解説

解答　(1)　エ　　(2)　イ　　(3)　ウ　　(4)　ア

解説　(1)は，Soccer is more popular than baseball, but basketball is the most popular. ということから，グラフを絞り込んでいく。

(2)は，They like basketball better than tennis. Volleyball is the most popular among girls. Baseball is as popular as volleyball in class 2A. という3文を聞き，どのグラフであるか判断する。

(3)は，原級の否定形を聞き取ってその内容を正確に捉えられているかを評価する問題である。Soccer is not as popular as baseball. から答えはウとなる。

(4)は，the most を使った最上級の意味が理解できているかを問う問題である。

4 言語活動へのヒント

Picture Telling 活動を通して，背の高さや年齢，大きさや長さ，好きな教科や学習困難度などのグラフを用いて，そのグラフの内容を正確に伝える活動を行う。その際，できるだけ多くの比較の表現を用い，習熟させるために，□ -er than　□ the -est in/of　□ as - as　□ more　□ the most　等，ワークシートに記しておき，その表現を使ったら☑するようにする。

5 評価テスト例

【英語を聞いて答える問題】　　　　　　　　　　　　　　　　【知識・技能】（各2点×4＝8点）

　次のグラフは，ジョセフ（Joseph）が，A組とB組にアンケート調査した結果です。グラフを見せながら，ジョセフは英語の授業で調べたことをプレゼンしています。英語を聞き，表の(1)～(4)に入るグラフを，ア～エの中から1つずつ選び，記号で答えなさい。

	男子	女子
2年A組	(1)	(2)
2年B組	(3)	(4)

ア
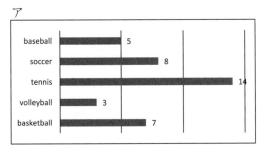

イ
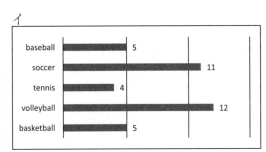

ウ
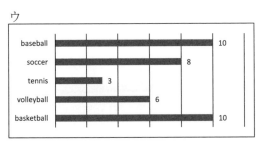

エ
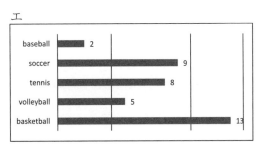

放送文

　Hello, everyone. Today I will show you about our favorite sports. Look at this chart. This is the result of boys' favorites in class 2A. Soccer is more popular than baseball, but basketball is the most popular. Look. It is the chart for girls in 2A. They like basketball better than tennis. Volleyball is the most popular among girls. Baseball is as popular as basketball in class 2A. This is the chart for boys in class 2B. Soccer is not as popular as baseball. Look at the chart. It shows about girls in class 2B. Tennis is the most popular.

4 「読むこと」の評価テスト

> **評価の観点**：思考・判断・表現
> **言語材料**：助動詞 must / There is, are／未来表現（be going to/will）　　**場面**：メグとクミの会話文を読む
> **実施時期**：1学期

1 問題作成のねらい

　空所に適切な文を選ぶことで，前後の英文を理解しているかどうかを問う問題である。選択肢には，試験範囲の言語材料が使われており，それらの意味を正確に捉えられないと，適切な文を選ぶことはできない。そう考えると，「知識・技能」の評価観点としてもよいと考えられるが，空所の前後から推測し，適切な文を当てはめることが主眼であるので，「思考・判断・表現」とする。このように，「思考・判断・表現」の問題は，必然的に「知識・技能」の能力が内包されることが分かる。

2 評価規準

　メグとクミの対話文を読み，英文の概要や要点を捉えている。　　　　　　【思考・判断・表現】

3 解答および解説

> **解答**　(1)　ア　　(2)　ウ　　(3)　キ　　(4)　エ　　(5)　カ

> **解説**　(1)は，Meg, can you move a little to the left? から，写真を撮ろうとしたら，後ろにある池とメグが重なってしまっていることを示している。
>
> (2)は，Be careful. と，その後の Look at the sign. から，メグが部屋の中で写真を撮ろうとしているのを注意している。
>
> (3)は，Oh, sorry. と言った後，I must follow the rules. と，自分に言い聞かせている。
>
> (4)は，その後ろに，You can take pictures there. ということから，There is a nice spot for taking pictures. が入る。
>
> (5)は，その後に Let's have lunch there. とあるので，その前には，There are some restaurants near Kinkaku-ji. が入る。

4 言語活動へのヒント

　実際のコミュニケーションの場面では，英文を読む際，全ての語彙を知っているということはほとんどあり得ない。そこで，前後の英文から語や文の意味を推測する力を育てるよう，オーセンティックな題材を与え，意味の類推力を育て，概要や要点をつかませたい。

5 評価テスト例

　メグ（Meg）はクミ（Kumi）の家にホームステイに来ています。日本での思い出をつくるために，クミの家族は，メグを京都に旅行に連れていきました。会話の　(1)　～　(5)　に入る文をア～キの中から1つずつ選び，記号で答えなさい。

Meg ： What a beautiful garden! Will you take a picture for me?

Kumi ： Sure. Meg, can you move a little to the left?　(1)
　　　　Great! Say cheese.

Meg ： Thank you. Let's go inside. Wow, a nice room. I'll take pictures.

Kumi ： Meg! Be careful.　(2)　Look at the sign.

Meg ： Oh, sorry.　(3)

Kumi ： Good. Where will we go next?

Kumi ： We're going to visit Kinkaku-ji.

Meg ： The golden temple?

Kumi ： Yes.　(4)　You can take pictures there.

Meg ： Nice, but I'm getting hungry. Can we have lunch before Kinkaku-ji?

Kumi ： O.K.　(5)　Let's have lunch there.

Meg ： Thank you. How will you go there?

Kumi ： Let's take a bus.

選択肢

ア　There is a beautiful pond in front of the temple.

イ　Are there frogs in the pond?

ウ　You must not take pictures here.

エ　There is a nice spot for taking pictures.

オ　Where is the bus stop?

カ　There are some restaurants near Kinkaku-ji.

キ　I must follow the rules.

5 「読むこと」の評価テスト

評価の観点：思考・判断・表現
言語材料：不定詞　　**場面**：偶然デパートで会った時の会話文を読む
実施時期：2学期

1 問題作成のねらい

　英文の内容を適切に理解したり，正確に読み取れているかどうかを判断したりする問題として，「下線部問題」がある。下線部の it や that, so などの内容を問う問題では，その下線部を指すものが，当該言語材料の知識を問う問題であれば，「知識・技能」として扱うことができる。本評価テストの場合，不定詞を特定の言語材料としているが，下線部問題においては，それらの言語材料の知識の確認ではなく，英文の読み取りを主に置いているので，「思考・判断・表現」の問題として作成した。

2 評価規準

　ミキとディックの対話文を読み，対話の概要や要点を捉えている。　　　　【思考・判断・表現】

3 解答および解説

　　解答　問1　①　北海道の冬は寒いということ。
　　　　　　　　②　音楽の山野先生が，山手ホールでコンサートをすること。
　　　　　　　　③　コンサートのチケット
　　　　　　問2　d
　　解説　問1は，下線部の内容を問う問題で，so や that は，その前に書かれている文を指し，it は名詞を指す。また，答え方としては，so や that は，「〜ということ」という文末で終えることに留意したい。
　　　　　　問2も，下線部問題であるが，これは，下線部の発話に対する理由を問う問題である。これも，前後の文脈から，適切に判断し，要点を読み取れているかどうかの問題である。

4 言語活動へのヒント

　I didn't know that. の that や，I like it. などの it は，教科書にも度々登場する。そこで，that や so, it などの指示語が出てきた時には，それらの指示語の内容を確認していく。英語は日本語とは違って，代名詞を多用し，同じ語や同じ表現を重ねて使用することが少ない。そのような英語スキーマを育てるためにも，日常の読みから意図的に注意を向けるようにしたい。

5 評価テスト例

【英語を読んで答える問題】　　　　　　　　【思考・判断・表現】（各2点×4＝8点）

クラスメイトのミキ（Miki）とディック（Dick）は，デパートでばったり会いました。
2人は，どんな話をしているのでしょうか。対話を読み，問1及び問2に答えなさい。

Dick：Hi, Miki.

Miki：Dick! What are you doing?

Dick：I am here to buy some clothes. I need to buy clothes for winter. It is getting
　　　cold.

Miki：Yes. Winter in Hokkaido is really cold.

Dick：Is that ① so? I do not like a cold season. What are you doing?

Miki：Good question. Our music teacher, Ms Yamano, will hold a concert at Yamate
　　　Hall this afternoon. Yuki and I are going to see her concert.

Dick：I didn't know ② that. What time will the concert start?

Miki：At 2 p.m.

Dick：Do I need a ticket?

Miki：Yes, but I have some extra tickets. If you want to go to see the concert, I'll
　　　give ③ it to you.

Dick：Thank you. I want to listen to her songs. She has a beautiful voice.　④ Can I
　　　have two tickets?

Miki：Sure.

Dick：Good. I want to take my mother there. She will be happy because she likes
　　　music and to sing. I'm looking forward to listening to her songs too. Thanks.

Miki：Then let's meet at the Hall. Bye.

問1　下線部①〜③の指す内容を，それぞれ日本語で答えなさい。

問2　Dick が下線④で Can I have two tickets? と言った理由として，最も適切なも
のを a〜d の中から1つ選び，記号で答えなさい。

　　a. Dick wanted to give it to his girlfriend.

　　b. Dick had no time to go to the concert.

　　c. Dick had one ticket, so he needed one to take his mother to the concert.

　　d. Dick wanted to take his mother to the concert.

6 「読むこと」の評価テスト

評価の観点：知識・技能／思考・判断・表現
言語材料：受身形　　**場面**：ALT通信を読む
実施時期：3学期

1 問題作成のねらい

　本評価テストでは，受身形を用いた問題文を想定し，題材を「輪島塗」とした。輪島塗を作成する際，必然的に，is/are made …，is/are painted and dried，is/are sold などの受け身が使われる。また，漆器（lacquer ware）を英語では，japan ということや，中国からその技術が伝わってきたということも，読み取らせたい。そこで，問1では，受け身の「知識・技能」を，問2では，内容理解の「思考・判断・表現」の問題とした。

2 評価規準

- 受け身の文の特徴や決まりに関する事項を理解し，文章の中でその内容を捉える技能を身に付けている。　　　　　　　　　　　　　　　　　　　　　　　　　　【知識・技能】
- ALTのリビー（Libby）先生が書いた英語通信を読み，輪島塗についての内容について，その概要や要点を捉えている。　　　　　　　　　　　　　　　　　　　　【思考・判断・表現】

3 解答及び解説

　解答　　問1　(1)　エ　　(2)　エ　　(3)　イ　　問2　(1)　イ　　(2)　ア

　解説　　問1は，「知識・技能」を問う問題であり，文章中の内容に適して，受け身の形を選択できるかを問う問題である。(1)の選択肢の中に was made も入れることを考えたが，すると are made との違いで，文章中の前後から判断しなくてはいけなくなると，評価観点が「思考・判断・表現」に近くなると思い，採用しなかった。(2)では，受け身の形である be動詞＋過去分詞の be動詞に適切なものを選択できるかを問い，イとエに，was introduced と were introduced を入れている。問2は，内容理解に伴う問題で QA問題を用いた。QA問題では，その答えを書かせると，「書くこと」が試され，純粋な読むことが測れないため，選択式にした。しかしながら，どちらも評価観点は「思考・判断・表現」で扱える。

4 言語活動へのヒント

　QA問題では，正誤問題同様に，「答えは必ず本文中にある」と教える。その上で，どこに答えが書いてあったか線を引かせることを日常の教科書指導の中で徹底させるようにする。

5 評価テスト例

ALT のリビー（Libby）先生は，ALT 通信（生徒向けの英語新聞）に冬休みの出来事を書いています。それを読んで後の問いに答えなさい。

Enjoy English!　Date：January 19, Tuesday

　Hello, everyone. How was your winter vacation? What did you do? I went to Ishikawa and biked around Noto Peninsula. It was cold and it snowed a little. I enjoyed the hot spring. On the first day, I stopped by a *workshop. People were making *wares there. I was impressed to see those. Do you know Wajima nuri? Bowls, cups, mugs, dishes, vases, mirrors, and the others ⬚(1)⬚ in Wajima. They are called Wajima nuri, *lacquer wares. I learned that to protect lacquer wares, the lacquer is repeatedly painted and dried many times. Lacquer makes their surface *glossy and gives *strength. These skills ⬚(2)⬚ more than 1,000 years ago from China. People in Wajima improved them. So lacquer ware is called "japan", just the same as your country's name, Japan. Nowadays, these lacquer wares ⬚(3)⬚ all over the world. They are widely famous. It takes long time to finish making them, so Wajima nuri is expensive, but we can use them for a long time.

*workshop 工房　*ware 器　*lacquer ware 漆器　*glossy 光沢のある　*strength 強さ

問1　⬚(1)⬚ ～ ⬚(3)⬚ に当てはまる適切な語を次の中からそれぞれ1つずつ選び，記号で答えなさい。　【知識・技能】各2点

(1)　ア　make　　イ　made　　　　　ウ　making　　　エ　are made

(2)　ア　introduced イ　was introduced　ウ　introducing　エ　were introduced

(3)　ア　selling　　イ　are sold　　　ウ　sold　　　　エ　sell

問2　本文の内容に合うように，(1)(2)の質問に答えなさい。　【思考・判断・表現】各2点

(1)　Why is lacquer repeatedly painted on the ware and dried many times?

　　ア　To draw pictures.　イ　To protect it.　　ウ　To see it.　　エ　To sell them.

(2)　What does "japan" mean?

　　ア　A lacquer ware.　イ　A country.　　ウ　A workshop.　　エ　People in Wajima.

7 「話すこと［やり取り］」の評価テスト

評価の観点：知識・技能／主体的に学習に取り組む態度
言語材料：There is, are の肯定・否定・疑問文　　場面：ペアで会話する
実施時期：1学期

1 問題作成のねらい

1枚の絵を見て，その内容について説明する活動を Picture Telling と呼んでいる。There is/are 構文では，会話によるやり取りでは，なかなか発話の機会をもたせにくい。そこで，本評価テストでは，Spot the differences! ということで，間違い探しを行う。

2 評価規準

・There is/are の肯定文や否定文，疑問文の特徴や決まりを理解し，間違い探しにおいて，相手に質問したり，質問に答えたりする技能を身に付けている。　　　　　　　　【知識・技能】
・絵のどこに相違点があるのかを探すために，質問内容を整理し，There is/are の疑問文を用いて主体的に質問しようとしている。　　　　　　　　　　　　　　【主体的に学習に取り組む態度】

3 パフォーマンステスト

　　　　　　　方法　生徒が交互に質問しながら，間違いを探していく　　**時間**　1分30秒

【ルーブリック評価例】

	知識・技能	思考・判断・表現	主体的に学習に取り組む態度
a	There is/are の文構造について，ほぼ正確に（誤り0～1個）用いている。		□主体的に質問している。 □分からないことを聞き返している。 **（対話の基本3原則）** □相づち
b	There is/are の文構造について，やや誤り（誤り2～3個）が見られるが，コミュニケーションに支障なく行われている。		□アイコンタクト □ジェスチャー （4つ以上はa，3～2つはb）
c	誤りや1～2語文が多く，英文として成り立たない。		

4 言語活動へのヒント

授業中においては，様々な絵を用い，そこに描かれているものを英語で説明する練習を行う。また，本評価テストのように間違い探しを取り入れ，本テストのやり方に慣れさせておく。

5 評価テスト例

8 「話すこと［やり取り］」の評価テスト

評価の観点：思考・判断・表現／主体的に学習に取り組む態度
言語材料：不定詞　　**場面**：あまり普段話をしていない人と対話する
実施時期：2学期

1 問題作成のねらい

　本評価テストでは，生徒同士の対話とする。ペアの相手はくじ引きにより行う。普段あまり話していない人でも，話題をつくりながら相手のことをよく知るために，どのように言語活動を図ろうとしているのかを評価する。そのため「知識・技能」ではなく，「思考・判断・表現」及び「主体的に学習に取り組む態度」を見ることとする。

2 評価規準

・お互いのことを深く知るために，友達の身近な話題に関して，簡単な語句や文を用いてやり取りをしている。　　　　　　　　　　　　　　　　　　　　　【思考・判断・表現】
・お互いのことを深く知るために，友達の身近な話題に関して，学習した文法や語句を用いて，やり取りをしようとしている。　　　　　　　　　　【主体的に学習に取り組む態度】

3 パフォーマンステスト　　　　　　　　　　　方法　ペア　　時間　2分間

【ルーブリック評価例】

	知識・技能	思考・判断・表現	主体的に学習に取り組む態度
a		積極的に質問したり，自分のことを話したり，話題を膨らませながら，簡単な語句や文を用いてやり取りしている。	□学習した文法や語句を積極的に使おうとしている。 □+αの情報を付け足しそうとしている。
b		簡単な語句や文を用いてやり取りをしている。	（発話の基本2原則） □適切な声量で話している。
c		コミュニケーションが上手にとれていない。	□発音に気を付けている。 （3つ以上はa，2つはb）

4 言語活動へのヒント

　Small Talk 等で，最初の1文だけ示し，その後自由に会話させるなど，自ら話題を見つけ，会話を膨らませていける言語活動を授業に取り入れるようにする。

5 評価テスト例 （テストは以下のワークシートを見ずに行う）

パフォーマンステスト

話題を膨らませ，会話を続けよう！

　同じクラスにいても，なかなか会話していない人っていませんか？　せっかくの機会ですので，お互いをよく知るためにも，話をしてみましょう。＋ a の情報を付け，相づちやアイコンタクト，ジェスチャーの対話の基本３原則も忘れずに！

What do you like doing?

I like running. I often run to the park at night. How about you? What do you like to do?

質問例

Questions	Sample Answers
1. What do you like to do in your free time? 　What do you like to read? 　Who is your favorite writer?	1. I like <u>reading/to read</u> books. 　I like <u>reading</u> novels. 　My favorite writer is Akagawa Jiro.
2. By the way, what did you do yesterday? 　How was it? 　Were you excited?	2. I went to Tokyo <u>to watch</u> a comedy show. 　It was really fun. <u>Watching</u> comedy shows makes me happy. 　Yes. I was really excited <u>to see</u> Exit.
3. What do you <u>want to</u> be in the future? 　Why do you <u>want to</u> be a doctor? 　What are you doing <u>to be</u> a doctor?	3. I <u>want to</u> be a doctor. 　I <u>want to</u> help people. 　I study science and English hard.
4. Are there any places <u>to visit</u> in this town?	4. Yes. There is a beautiful lake and waterfalls.
5. Do you have many things to do every day?	5. Yes. When I go home, I have to do my homework and help my family.

9 「話すこと［やり取り］」の評価テスト

評価の観点：知識・技能／思考・判断・表現／主体的に学習に取り組む態度
言語材料：比較表現／その他既習事項　　**場面**：意見交換する
実施時期：3学期

1 問題作成のねらい

　本評価テストでは，4人1組で，議論をする場面を想定した。自分の意見を伝えるだけでなく，相手の話をよく聴き，効果的に議論にもち込みたい。

2 評価規準

・既習事項の文法や表現の特徴や決まりを理解し，意見交換の際に，自分の考えを述べたり，相手に質問したりする技能を身に付けている。　　　　　　　　　　　　　　【知識・技能】

・班の意見を1つにまとめるために，1人1人の意見や考え，理由等を積極的に伝え合っている。　　　　　　　　　　　　　　　　　　　　　　　　　　　　　【思考・判断・表現】

・自分の意見を正確に伝えられるよう，話題に関連する1文〜2文付け足すなど，＋αの情報を付け加えようとしている。　　　　　　　　　　　　　　【主体的に学習に取り組む態度】

3 パフォーマンステスト

方法　4人1組の班形式　　**時間**　4分間（3分半でベルを鳴らす）

【ルーブリック評価例】

	知識・技能	思考・判断・表現	主体的に学習に取り組む態度
a	既習事項の文法や表現について，**ほぼ正確に活用できている**。	意見や考え，理由等を積極的に伝え合い，**やり取りの内容を整理しながら**伝え合っている。	□学習した文法や語句を積極的に使おうとしている。
b	既習事項の文法や表現について，**多少誤りが見られる**。	意見や考え，理由等を積極的に伝え合っている。	□質問に答えた後，＋αの情報を付け足そうとしている。（2つはa，1つはb）
c	対話のやり取りに対して，**誤りや1〜2語文の発話が多い**。	相手の質問に答えるのみで，＋αの情報を付け加えていない。	

4 言語活動へのヒント

　日本人はとかく，相手の気持ちを察する文化があるので，相手に分かるように説明することを苦手としたり，説明し過ぎることを遠慮したりする文化がある。そこで，自分の考えにきちんと理由を付けて説明したり，伝えたい内容を整理して論理的に話したりすることの意義を生徒に伝え，授業内で言語活動を活発に行うようにしたい。

5 評価テスト例 （テストは以下のワークシートを見ずに行う）

パフォーマンステスト

どっちがいい？
〜英語で意見交換しよう〜

　１人１人思いや考えは違って当然です。そして，そう思う理由が必ずあります。

　今日は，自分の思いや考えを理由とともに伝え合い，１人１人の考えや意見を尊重しつつ，班で話し合いましょう。

＜やり方＞① 　Topic カードを１枚引き，４人組で，４分間英語で話し合う。

　　　　　② 　最終的に，班の意見をまとめ，先生に報告する。

　　　　　　　（３分半たったところで，ベルが鳴る）

トピック例

Topic1	Which do you like better, summer or winter?
Topic2	Which do you like better, city life or country life?
Topic3	Which do you like better, TokyoDisneyland or TokyoDisneySea?
Topic4	Which do you like better, school lunch or lunch box?
Topic5	Which do you like better, spring or fall?
Topic6	Which do you like better, English or math?
Topic7	Which do you like better, going to see a movie or watching a movie at home?
Topic8	Which do you like better, sending an e-mail or making a phone call?
Topic9	Which do you like better, listening to songs or singing songs?
Topic10	Which do you like better, *soba* or *udon*?

ひとくち英語

□ところで（by the way）　□つまり（I mean ....）　□えーと（Let me see./Well.）

□ほら，あれ（You know.）□なんて言うんだっけ？（How can I say?/What should I say?）

□とにかく（Anyway,...）　□〜の考えに賛成です（I agree to ....）

□違う考えです（I have a different idea.）　□いいところは（The good thing is ....）

10 「話すこと［発表］」の評価テスト

評価の観点：知識・技能／思考・判断・表現／主体的に学習に取り組む態度
言語材料：未来表現（be going to／will）　　**場面**：夏休みにやりたいこと・やることを発表する
実施時期：1学期

1　問題作成のねらい

　言語材料が未来表現ということから，評価テストを「夏休みの予定」とした。ワークシートには，質問例を載せているが，1人1分間の発表なので，質疑の時間は確保していない。

2　評価規準

- 発音やイントネーション，ストレス等，音声上の決まりを理解し，音声化する技能を身に付けている。　　　　　　　　　　　　　　　　　　　　　　　　【知識・技能】
- 夏休みの予定ややりたいこと，新しく挑戦したいことなどを発表するために，伝えたい内容を整理し，簡単な語句や文を用いて，伝えている。　　　　　　　【思考・判断・表現】
- 発話を伝えやすくするために，適切な音量ではっきりと話したり，正確な発音をしたり，物などをみんなに見えるように提示しようとしている。　【主体的に学習に取り組む態度】

3　パフォーマンステスト　　方法　スピーチ／Show and Tell 形式　　時間　1分間

【ルーブリック評価例】

	知識・技能	思考・判断・表現	主体的に学習に取り組む態度
a	発音やイントネーション，ストレス等，**ほぼ正確に**，音声化する技能を身に付けている。	伝えたい内容を整理し，夏休みにやりたいこと等を，**他者意識をもって，具体的に**伝えている。	**（発話の基本2原則）** □正確な発音 □適切な声量 **（対話の基本3原則）** □相づち □アイコンタクト □ジェスチャー （4つ以上はa，3〜2つはb）
b	発音やイントネーション，ストレス等，**やや課題が見られる**が，音声化する技能を身に付けている。	伝えたい内容を整理し，夏休みにやりたいこと等を伝えている。	
c	発音やイントネーション，ストレス等，**課題が見られる**。	適切に伝えられていない。	

4　言語活動へのヒント

　4人1組で，順番に2分程度与え，「今夜の予定」や「週末の予定」「ゴールデンウィークの予定」など即興的な発表を行わせ，その後質疑応答を行う等，言語活動の機会を多く設ける。

5 評価テスト例 （テストは以下のワークシートを見ずに行う）

パフォーマンステスト

夏休みの決意を発表しよう！

　夏休みが近づいてきました。普段できないこと，やりたかったこと等，新しいことに挑戦する機会でもありますね。時間を有効に使える夏休みは貴重な時間です。

　そこで，クラスのみんなに向かって，夏休みにやりたいこと，やる予定のことなどを発表しお互いをよく知る機会としましょう。物や写真を提示してもいいです。

> Hello. Summer vacation is coming soon. I want to do many things. Today I want to talk about three things. First,...

> Nice!

> Cool!

友達のスピーチに反応してみよう！

☐いつ行くの？　When are you leaving? / When are you going to ...?

☐どのくらい泊まるの？　How long are you going to stay there?

☐サッカーの大会はいつ？　When will you have the soccer tournament?

☐大会の目標は？　What are your goals for the tournament?

☐そこで何をするの？　What will you do there? / What are you going to do there?

☐お土産買ってきて〜　Please buy me some souvenirs.

11 「話すこと［発表］」の評価テスト

評価の観点：知識・技能／思考・判断・表現／主体的に学習に取り組む態度
言語材料：既習事項　　**場面**：学校紹介をする
実施時期：2学期

1 問題作成のねらい

　既習事項を用いて，学校紹介を行う。最終的には，海外の学校に紹介ビデオを送るという計画で行う。そのための中間発表会を評価テストとする。方法は，プレゼン方式をとる。生徒は他のグループの発表を見て，さらによくなるように修正を図ることをねらいとする。

2 評価規準

・発音やイントネーション，ストレス等，音声上の決まりを理解し，音声化する技能を身に付けている。　　　　　　　　　　　　　　　　　　　　　　　　　　　【知識・技能】
・学校のことをよく知ってもらうために，特徴を表す写真や物などを見せながら，伝えている。　　　　　　　　　　　　　　　　　　　　　　　　　　　【思考・判断・表現】
・発話を伝えやすくするために，適切な音量ではっきりと話したり，正確な発音をしたり，物などをみんなに見えるように提示しようとしている。　　【主体的に学習に取り組む態度】

3 パフォーマンステスト　　　　　　　**方法** プレゼン方式　**時間** 4分間

【ルーブリック評価例】

	知識・技能	思考・判断・表現	主体的に学習に取り組む態度
a	発音やイントネーション，ストレス等，**ほぼ正確に**，音声化する技能を身に付けている。	特徴を表す写真や物などを見せながら，**発表を工夫し**，学校について伝えている。	□写真や物等に提示物を上手に活用しようとしている。（bをクリアした上で）
b	発音やイントネーション，ストレス等，**やや課題が見られるが**，音声化する技能を身に付けている。	特徴を表す写真や物などを見せながら，学校について伝えている。	□発音に気を付けている。□適切な声量で話している。□相づち□アイコンタクト
c	発音やイントネーション，ストレス等，**課題が見られる**。	適切に学校の紹介ができていない。	□ジェスチャー（3つ以上はb，それ以下はc）

4 言語活動へのヒント

　タブレットを用い，写真や物を説明する機会をもたせながら，説明することに慣れさせる。

5 評価テスト例 （テストは以下のワークシートを見ずに行う）

パフォーマンステスト

海外の学校に，わが校を紹介しよう！

　あなたの学校のよさを紹介するビデオを作ります。そのためのプレゼンを教室で行います。3人1組で，役割を分担しながら，発表しましょう。特徴を表す写真やモノなどを見せながら，プレゼンできるといいですね！

　相づち，アイコンタクト，ジェスチャーの対話の基本3原則も忘れずに！

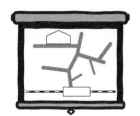

Hi, friends. We are going to introduce our school to you! Our school is located in the center of our town. Look ....

どんなことが紹介できるかな？

12 「話すこと［発表］」の評価テスト

評価の観点：知識・技能／思考・判断・表現／主体的に学習に取り組む態度
言語材料：受身形／その他既習事項　　**場面**：教室でヒントクイズを出し合う
実施時期：3学期

1 問題作成のねらい

　言語材料が受け身ということから，生徒にヒントクイズを作らせ，その中で，必要に応じ，受け身が効果的に使われることもあると思い，本評価テストとした。

2 評価規準

・受け身や既習の言語材料の特徴や決まりを理解し，ヒントクイズにおいて，語順や文法等，正確に用いて表現する技能を身に付けている。　　　　　　　　　　　　【知識・技能】

・ヒントクイズを出すために，ヒントの順番やヒントの内容を工夫し，簡単な語句や文を用いて，伝えている。　　　　　　　　　　　　　　　　　　　　　　【思考・判断・表現】

・相手意識をもち，自分が話していることが相手に理解されているかどうかを途中で確認しながら，自分のことを伝えようとしている。　　　　　【主体的に学習に取り組む態度】

3 パフォーマンステスト　　　　　　　　　　　　方法　スピーチ形式　　時間　1分間

【ルーブリック評価例】

	知識・技能	思考・判断・表現	主体的に学習に取り組む態度
a	受け身や既習事項を用いて**ほぼ正確に**活用できている。	ヒントの順番やヒントの内容を工夫し，**他者意識をもって，十分なヒントを用い**，簡単な語句や文を用いて，伝えている。	□相手の反応を確認したり，対応したりしながら，話そうとしている。 （bをクリアした上で）
b	受け身や既習事項を用いて表現する際，**多少誤りが見られる**。	ヒントの順番やヒントの内容を工夫し，簡単な語句や文を用いて，伝えている。	**（発表の基本4原則）** □正確な発音　□適切な声量 □アイコンタクト
c	既習事項について，**誤りや1〜2語文の発話が多い**。	トピックカードの内容について，伝えることができない。	□ジェスチャー （3つ以上はb，2つ以下はc）

4 言語活動へのヒント

　ヒントクイズは生徒が好む活動である。前後でペアを作り，前にいる生徒は黒板を見ず，後ろにいる生徒は，教師が黒板に書いたものを英語で説明するマジカルクイズを行う。

5 評価テスト例 （テストは以下のワークシートを見ずに行う）

パフォーマンステスト

ヒントクイズを出そう！

　みなさんが習った「受身形」は，ヒントクイズを出す際に，非常に有効な表現です。例えば，「野球」を説明するときに，This sport is played by nine players. と言えたり，「箸」を説明するときは，These are used when we eat Japanese food, such as *sushi*, *soba*, *udon*, and the others. 等と，物を主語にして，説明したりすることができます。

　みんなでヒントクイズを出し合い，当てっこしましょう！

忘れずに！　●正確な発音，適切な声量，アイコンタクト，ジェスチャーの＜発表の基本 4 原則＞

＜メモ＞　どんなクイズにしますか？

---

13 「書くこと」の評価テスト

評価の観点：知識・技能／思考・判断・表現
言語材料：There is, are／未来表現（be going to/will）　**場面**：町の紹介文の英語版を作成する
実施時期：1学期

1 問題作成のねらい

　問1では，文法の正確さを確認するために，「知識・技能」の問題として作成した。問2では，There is/are が試験範囲ということから，町の紹介文の英語版を作成する。

2 評価規準

・文構造の決まりを理解し，それらを正確に用いて書く技能を身に付けている。（問1）

【知識・技能】

・海外の人に町のよさを伝えるために，簡単な語句や文を用いて，**伝えたい内容を整理し，他者意識をもって書いている。**（問2）　　　　　　　　　　　　　　【思考・判断・表現】

3 解答及び解説

解答　問1 （例）(1)　What are you going to do this Sunday? / Are you free this Sunday?

(2)　I'm going to play soccer this Sunday.　　(3)　I was taking a bath.

(4)　I will study math and Japanese for the test.

(5)　I will buy *onigiri* at the convenience store. / I will cook by myself.

問2 （例）Do you like nature? If you like to enjoy natures, our town is out of the best places. There are beautiful rivers, waterfalls, and you can enjoy climbing mountains. You can swim in the river too. The water is so clear. You can see beautiful stars from our town!　Please come!

解説　問2は，次の条件で採点する。

＜条件1＞　話の内容に一貫性がある。（1点）

＜条件2＞　接続詞などを効果的に用いている。（1点）

＜条件3＞　5文以上で書いている。（5点）

＜条件4＞　海外の人に町のよさを伝えるために，**伝えたい内容を整理し，他者意識をもって書いている。**（3点）

4 言語活動へのヒント

読み手を想定し，内容に一貫性をもたせ，文と文のつながりを意識したライティングを行う。

5 評価テスト例

【英語を書いて答える問題】　　　　　　【知識・技能】(10点)【思考・判断・表現】(10点)

問1　昼休みに，あなたは ALT の Lucy 先生の所に行き，英語で話しかけました。空白に入る文を，あなた自身のこととして書き，対話を完成させなさい。【知識・技能】

あなた：Hi, Lucy. [　　　(1)　　　]?

Lucy：I'm going to go shopping this Sunday. How about you?

あなた：[　　(2)　　]

Lucy：What were you doing at 8 last night?

あなた：[　　(3)　　]

Lucy：Really? What will you do tonight?

あなた：[　　(4)　　]

Lucy：When you are hungry, what will you do?

あなた：[　　(5)　　]

Lucy：Oh, it's time to go to class. Thank you for coming.

あなた：I have a good time. Talk you later.

問2　あなたの街を紹介するパンフレットを英語版で作成することになりました。次の □ の中に５文以上で，あなたの町の紹介文を書きなさい。　　　　【思考・判断・表現】

Welcome to Our Town!

We hope you will enjoy our town !! We are waiting for you to come soon!

---

14 「書くこと」の評価テスト

評価の観点：知識・技能／思考・判断・表現
言語材料：不定詞／〔主語＋動詞＋補語〕　　**場面**：文化祭のテーマ原稿を書く
実施時期：2学期

1 問題作成のねらい

　問1は，不定詞を用いる作文として，恒例の「私の夢」とした。問2では，語順整序問題を利用し，不定詞を中心とした「知識・技能」の問題として作成した。

2 評価規準

・不定詞や look を用いた〔主語＋動詞＋補語〕の特徴や決まりを理解し，それらを正確に用いて語順を正しく書く技能を身に付けている。（問2）　　　　　　【知識・技能】
・全校生徒の夢を集めた文化祭の冊子を作るために，自分の将来の夢を簡単な語句や基本的な表現を用いて書いている。（問1）　　　　　　　　　　　【思考・判断・表現】

3 解答及び解説　＊紙面の都合上，問1のみ解答及び解説を行う

　解答例　Hi, I am Taku. I want to be a pyrotechnician. Do you know a pyrotechnician? I like to see fireworks not only in the summer but all year long. We can see many different fireworks each season. When we see them in summer, we are excited. In fall, we feel thanks for the harvest. In winter, we feel lonely, but fireworks make us feel happy. Then in spring, when we see fireworks, we think that it is the beginning of a new start. I want to make fireworks and shoot fireworks in the future. So I want to be a pyrotechnician. Thank you.

　解説　次の条件で採点する。
　　　＜条件1＞　夢を明確に示している。（1点）
　　　＜条件2＞　理由が書けている。（1点）
　　　＜条件3＞　5文以上で書いている。（5点）
　　　＜条件4＞　習ったことを積極的に使い，内容を整理して書いている。（3点）

4 言語活動へのヒント

　Introduction—Body—Conclusion の3段階構成や，各パラグラフの最初に Topic Sentence をもってくること等，文章構成についても，指導事項として取り扱いたい。

5 評価テスト例

【英語を書いて答える問題】　　　　　　　　　　　**【知識・技能】**（5点）**【思考・判断・表現】**（15点）

問1　今年の文化祭のテーマは，「We Have A Dream. ～輝く私たちの未来～」です。そこで，全校生徒の Dream（夢）を集めることとなりました。あなたはどのような夢をもっていますか。次の出だしに引き続き，出だしの文を含め<u>10文以上の英文で書きなさい</u>。　　　　　　　　　　　　　　　　　　　　　　　　　**【思考・判断・表現】**

We Have A dream. ～輝く私たちの未来～

Hi, I am（　　　　　　　　　）.

_____

_____

_____

_____

問2　ALT のリビー（Libby）先生が授業中，タク（Taku）に話しかけます。次の対話の下線①～⑤の語を意味の通る文に並べ替えなさい。なお，文頭にくる語も，小文字で書き始めています。　　　　　　　　　　　　　　　　　　　　　　**【知識・技能】**

Libby：Hi, Taku. ① 〔look / you / sleepy / .〕　What happened to you?

Taku：I'm sorry. I didn't sleep well last night. I watched a soccer game.
　　　② 〔the game / was / to / I / excited / watch / .〕

Libby：Oh, my.

Taku：Also, ③ 〔a lot of / do / last night / to / things / I / had / .〕

Libby：What did you do?

Taku：I watched a DVD of fireworks. ④ 〔like / Japanese people / in summer / them / to / see / .〕

Libby：Taku, but it is fall now.

Taku：We can see them all year around. Fireworks in winter are also beautiful.

Libby：⑤ 〔to / be / you / what / do / want / ?〕

Taku：Of course, I want to be a pyrotechnician.

Libby：Great. Then, read the text aloud.

Taku：I told you I am sleepy.

15 「書くこと」の評価テスト

評価の観点：知識・技能／思考・判断・表現
言語材料：比較表現　　**場面**：意見についての考えを書く
実施時期：3学期

1　問題作成のねらい

　問1は，英語で表現できることに加え，自分の意見を論理的に伝えられるかどうかを測る問題として作成した。問2は，比較表現を用いて書く技能を測る「知識・技能」の問題である。

2　評価規準

・比較表現の特徴や決まりを理解し，それらを正確に用いて書く技能を身に付けている。
（問2）　　　　　　　　　　　　　　　　　　　　　　　　　　　　　【知識・技能】
・ALTからのお題に答えるために，伝えたいことを整理して，自分の意見を書いている。
（問1）　　　　　　　　　　　　　　　　　　　　　　　　　　【思考・判断・表現】

3　解答及び解説　＊紙面の都合上，問1のみ解答を行う

解答　（例）①　I like eating at home better than eating at restaurants. First, we sometimes have to wait to get a table when we go to the restaurant. I do not like to wait when I am hungry. So I must find another restaurant. Second, I can eat more healthy food at home than at restaurants. Third, I feel at ease when I eat at home and can watch TV. Finally, it's cheaper when we cook at home. So I like eating at home better.

解説　次の条件で採点する。
　　　　＜条件1＞　最初に自分の考えを明らかにしている。（1点）
　　　　＜条件2＞　最後に自分の考えをまとめている。（1点）
　　　　＜条件3＞　5文以上で書いている。（5点）
　　　　＜条件4＞　伝えたい内容を整理し，話の流れに一貫性がある。（3点）

＊多く書いた生徒を評価するため，個人内評価として〔10文以上はAAA，8〜9文はAA，6〜7文はA〕と，生徒の解答用紙に記入し，「主体的に学習に取り組む態度」の評価の参考資料とする。

4　言語活動へのヒント

伝えたいことを箇条書きで書き表し，順番を入れ替えるなど整理して表現する学習を行う。

5 評価テスト例

【英語を書いて答える問題】　　　　　　　　【知識・技能】（10点）【思考・判断・表現】（10点）

問1　ALTのリビー（Libby）先生は，次のお題を生徒に投げかけ，意見を集めることにしました。あなたなら，どのお題を選びますか。選んだお題の番号を（　　）に書き，あなたの考えを5文以上の英語で書きなさい。　　　　　　　【思考・判断・表現】

①　Which do you like better, eating at restaurants or eating at home?

②　Which do you like better, going to the sea or going to the mountain?

③　Which is more important, studying English or studying math?

④　Which is more important, health or money?

お題の番号（　　　　　　　）

_____

_____

_____

問2　次のア〜オの表を見て，分かったことをそれぞれ1つずつ英語で書きなさい。

【知識・技能】

ア　日本の高い山		
1位	Mt. Fuji	3,776m
2位	Mt. Kita-dake	3,193m
3位	Mt. Okuhotaka-dake	3,190m
〃	Mt. Aino-dake	3,190m

イ　日本の長い川		
1位	Shinano River	367km
2位	Tone River	322km
3位	Ishikari River	268km
4位	Teshio River	256km

ウ　人気のある教科	
1位	P.E.
2位	home economics
3位	science
〃	English

エ　大切なもの	
1位	Family
2位	Money
〃	Health
4位	Studying

オ　好きな季節	
1位	summer
2位	spring
3位	fall
4位	winter

ア　_____　　イ　_____

ウ　_____　　エ　_____

オ　_____

16 「語彙・文法」の評価テスト

評価の観点：知識・技能
言語材料：語彙／There is, are／未来表現（be going to/will）／接続詞 when
実施時期：1学期

1 問題作成のねらい

　問1は，（　　）に入る語を選択肢の中から選ぶ問題とした。選択肢の中から語を選ぶ際，語の意味を必然的に考えることから，語彙の「理解」を測ることとなる。問2は，ある情報を基に，空所に語を入れることで，「文法」の知識を測る問題と作成した。

2 評価規準

- 場面や状況に応じ，語彙を選択し，正しく綴る技能を身に付けている。　　　　【知識・技能】
- There is/are や未来表現，接続詞の when の特徴や決まりに関する事項を理解し，実際のコミュニケーションにおいて，正しく書く技能を身に付けている。　　　　【知識・技能】

3 解答及び解説

解答　問1　(1)　オ　　　(2)　エ　　　(3)　ア　　　(4)　ク　　　(5)　カ
　　　　　問2　ア　are　　イ　going　　ウ　is　　エ　When　　オ　singing

解説　問1　(1)は，「静かに」という意味の quiet が入る。(2)は，「試合に勝った」という
　　　　　　　　ところから，great を選択する。(3)は，「多くの生徒が宿題を忘れた」とある
　　　　　　　　ことから，sad が入る。(4)は，「名前等を書く」の write。(5)は，「規則に従う」
　　　　　　　　という意味の follow が入る。
　　　　　問2　(1)(3)は，There is/are 構文において，適切な be 動詞が選べるかどうかの問
　　　　　　　　題である。(2)は，予定がほぼ確定している未来表現で，going が入る。(4)は，
　　　　　　　　「無言清掃」を英文で表し，「掃除をするとき，私たちは話さない」と言い換え，
　　　　　　　　When を入れさせる。(5)は，過去進行形の知識を問う。

4 言語活動へのヒント

　「なりきり英作文」や，口頭での「人物なりきりトーク」等，与えられた情報を基に，ペアで会話したり，まとまりのある文章を作成したりさせる。言語活動とは，元々「実際に英語を用いて互いの考えや気持ちを伝え合う活動など」であるが，英語力を高めるために，言語活動が設定できない場合は，擬似的な言語活動の場を設定し，習熟と定着を試みたい。

5 評価テスト例

【語彙や文法に関する問題】　【知識・技能】（問1各1点×5＝5点，問2各2点×5＝10点）

問1　(1)〜(5)の（　　）に入る最も適切な語を，ア〜クから1つずつ選び，記号で答えなさい。

(1) Ken ：Be（　　）, Jill. You are in the library.

　　Jill ：Sorry, Ken. I won't talk.

(2) Mari ：You look（　　）. What happened to you?

　　Bob ：Our team won the tournament yesterday.

(3) Lucy ：Was Mr. Yamada（　　）?

　　Saki ：Yes. Many students forgot their math homework.

(4) John ：I'd like to make a member's card.

　　Clerk：O.K.（　　）your name, address and phone number, please.

(5) 　Jill ：Wow, it's beautiful.

　　Mari ：Stop taking a picture. You must（　　）the rules.

ア	sad
イ	happy
ウ	mean
エ	great
オ	quiet
カ	follow
キ	care
ク	write

問2　タケシは自分の学校を紹介しています。次の情報を見て㋐〜㋔に入る語を書きなさい。

（情報）

(1)	生徒数は250名である。	(2)	来週，修学旅行で奈良に行く。
(3)	校庭に高い木が1本ある。	(4)	掃除は無言清掃で行う。
(5)	昨日の昼は歌を歌っていた。		

Hi, I'm Takeshi. This is my school. There（　ア　）250 students in my school. We are （　イ　）to go to Nara on a school trip. Look! There（　ウ　）a tall tree in the playground.（　エ　）we clean our class, we don't talk. We are good friends. We were （　オ　）songs after lunch yesterday.

17 「語彙・文法」の評価テスト

評価の観点：知識・技能
言語材料：語彙／不定詞／動名詞
実施時期：2学期

1 問題作成のねらい

　問1は，反対語を問う問題である。言語学者 Nation は，語彙知識として18の側面を示している。その中に「その語は，他にどのような語を連想させるか」がある。1つの語からどのような語を連想するかの1つとして，反対語の知識を見ている。問2は，「文法」の知識を測る問題として，「整序作文」方式をとった。正確に並べ替えることで，実際のコミュニケーションにおいて活用できる技能として活用できるかどうかを測る。

2 評価規準

・場面や状況に応じ，語彙を選択し，正しく綴る技能を身に付けている。　　　　【知識・技能】
・不定詞及び動名詞を用いた文の特徴や決まりに関する事項を理解し，実際のコミュニケーションにおいて，正しく表現する技能を身に付けている。　　　　　　　　　　　【知識・技能】

3 解答及び解説

解答　問1　① early　② difficult/hard　③ heavy　④ peace　⑤ won
　　　　問2　① I have something to show　② to buy it
　　　　　　　③ Playing *kendama* is a lot of fun　④ I was excited to see
　　　　　　　⑤ I wanted to go and see

解説　問1　反意語を問う問題である。①の late に対する語は early となる。②は，easy の反意語で difficult または hard となる。③は light に対して heavy。④は，war の反意語で peace。⑤は lost の反意語で won がそれぞれ正解となる。形容詞は反意語が多いが，動詞や名詞は少ないので整理したい。
　　　　問2　(1)は，不定詞の形容詞的用法の文構造が理解できているか問う問題である。(2)は，副詞的用法。(3)は，動名詞。(4)は，原因や理由を説明する副詞的用法。(5)は，名詞的用法の問題である。

4 言語活動へのヒント

　問1において，反意語を取り上げた。文法について，ある程度のまとまりで整理することが推奨されているが，語彙についても，単語同士に関連性をもたせ，語彙知識を豊かにしたい。

5 評価テスト例

【語彙や文法に関する問題】　【知識・技能】(問１各２点×５＝10点, 問２各２点×５＝10点)

問1　下線部と反対の語になるよう（　　　）に入る適切な英語を書きなさい。

(1) Yuki　：I'm sleepy. I stayed up <u>late</u> last night.

　　Lucy　：Are you OK? I was too sleepy. I went to bed（　　　　　）.

(2) Mari　：Today's English test was <u>easy</u>.

　　Lucy　：Really? It was（　　　　　）for me.

(3) Bill　：Could you carry this box? It is <u>light</u>. I'm going to carry this big one.

　　Saki　：Thank you. Is that box（　　　　　）?

(4) Ken　：Look at the pictures of fireworks. People pray for <u>war</u> victims.

　　Libby：Let's hope for（　　　）.

(5) Taku　：How were the tennis match last Sunday?

　　Lucy　：We did our best. We <u>lost</u> two matches, and　（　　　　）five matches.

問2　次の(1)～(5)の対話が成立するように, （　　　）内の語を正しく並べかえなさい。

(1) A：① (to / something / I / show / have) you.

　　B：Really? What is it?　Wow, it's a book about *kendama*.

　　A：It's a present for you. I went shopping in Tokyo ② (buy / to / it) .

　　B：Thank you. ③ (fun / *kendama* / playing / is / a lot of) .

(2) A：I saw you at the station yesterday. Where did you go?

　　B：Yes. I went to Omiya. ④ (see / excited / to / was / I) the soccer games.

　　A：Really? ⑤ (to / go / I / wanted / and / see) the games, too.

1 「聞くこと」の評価テスト

評価の観点：思考・判断・表現
言語材料：現在完了形　　**場面**：英語の授業でスピーチを聞く
実施時期：1学期

1 問題作成のねらい

現在完了形の入った文章を用いて作成した。ユミが山梨の叔父と叔母の家に行き，そこで野菜作りを教わり，今，家で野菜を作っているという話である。また，それだけでは，情報が少ないため，最後に叔父が剣道をやっているという設定で，現在完了形の文を用いた。スピーチの中で写真を見せる箇所が2か所あるので，写真を適切に選ぶ問題を入れた。問2では，スピーチの内容を適切に理解できているか，その要点の把握を確認する問題である。

2 評価規準

・ユミ（Yumi）のスピーチから，ユミが野菜を育てるきっかけとなったことや叔父や叔母のなどの概要や要点を聞き取っている。　　　　　　　　　　　　　　【思考・判断・表現】

3 解答および解説

解答　問1　ア，ウ　　問2　a.　○　　b.　×　　c.　×　　d.　○　　e.　×

解説　問1では，スピーチを聞き，そこで提示している写真を予測する問題である。最初の写真では，Look at this picture. I grew these vegetables. This is a cherry tomato plant and this is an eggplant. から，ミニトマトとなすが写っている写真が正解となる。2枚目の写真では，Look at this. My uncle does *kendo*. から，叔父であるので，男の人を選ぶ。

問2では，聞くことによる「正誤問題」である。5つの中から正しいものを2つ選ぶという方法もあるが，今回は，選択肢の1つ1つについて，正しいかどうか○×でつける方法とした。

4 言語活動へのヒント

授業冒頭での教師の Teacher's Talk や ALT の ALT Talk の際，ただ聞かせるのではなく，正誤問題のような形で理解度の確認を行う時間を確保する。生徒は○か×で答えるだけなので負荷が少ない。50％の確率で正解するので，聞き取りの達成感を味わうことができ，リスニングの意欲につながる。TF クイズは口頭でもいいが，プリントで提示すれば，読みの学習になる。

5 評価テスト例

【英語を聞いて答える問題】　　　　　　【思考・判断・表現】（各2点×7＝14点）

　ユミ（Yumi）が英語の授業でスピーチをしました。それを聞いて後の問いに答えなさい。

問1　ユミはスピーチで写真を見せています。その2枚を次の中から選び記号で答えなさい。

問2　スピーチの後に放送される a～e について，スピーチの内容と一致するものには○を，一致しないものには×を解答欄に書きなさい。スピーチと質問は通して2回放送します。

放送文

　Hello, everyone. Do you like vegetables? Do you eat vegetables every day? I like vegetables very much. I eat them every day because vegetables make us healthy. Look at this picture. I grew these vegetables. This is a cherry tomato plant and this is an eggplant. Have you grown vegetables?

　I went to Yamanashi to visit my uncle and aunt two years ago. They grow vegetables. They lived in Tokyo, but they moved to Yamanashi eight years ago. They wanted to be farmers so they started farming soon after they came to Yamanashi. They taught me how to grow vegetables. When I returned home, I started growing vegetables and have been growing them for two years.

　Look at this. My uncle does *kendo*. He started *kendo* when he was 10, so he has been practicing it for 62 years. I learned *kendo* from him. He is strong.

　a. Yumi eat vegetables because they are healthy.

　b. Yumi's uncle and aunt have grown vegetables since they lived in Tokyo.

　c. Yumi's uncle and aunt have lived in Yamanashi for 10 years.

　d. Yumi has been growing vegetables for two years.

　e. Yumi's uncle has been practicing *kendo* since he was 62.

2 「聞くこと」の評価テスト

評価の観点：思考・判断・表現
言語材料：関係代名詞　　**場面**：ALT の先生のクイズに答える
実施時期：2 学期

1　問題作成のねらい

　関係代名詞の入っている文を聞き，その内容を捉え，ある物や人物を当てていく問題である。関係代名詞の入った文を聞かせることから，当初は，「知識・技能」として作成しようとしたが，関係代名詞の知識というよりは，文全体から意味を類推する方が近いと考え，「思考・判断・表現」の問題とした。

2　評価規準

　ALT のリビー（Libby）先生のクイズを聞き，その概要や要点を適切に捉えながら，クイズに答えている。　　　　　　　　　　　　　　　　　　　　　　　　【思考・判断・表現】

3　解答および解説

　解答　No.1　イ　　No.2　エ　　No.3　ア　　No.4　ウ　　No.5　イ
　解説　No.1　It is a kind of card which Japanese people send for New Year's Day. から，年賀状が答えとなる。

　　　　No.2　最初の It is a popular food which Japanese people like to eat. だけでは分からない。It is easy to make. You can take it when you go hiking. It is made of rice. を総合的に内容を捉えると，おにぎりが答えとなる。

　　　　No.3　答えは「カバ」である。It is an animal which has a big mouth and small ears. からでも答えに結び付くが，It lives in the water and can walk under the water. から，答えを絞り込むことができる。

　　　　No.4　全体の英文から，総合して内容を捉え，答えは傘となる。

　　　　No.5　ここでは，ill の意味を理解していることが正答への条件となる。最後に，He or she helps doctors. とあることから，医者という選択はなくなる。

4　言語活動へのヒント

　関係代名詞を学習すると，物や人物の特徴や情報を付け加えることができ，詳細に説明する技能を身に付けることができる。授業では，教師や ALT が関係代名詞の入った文を聞かせたり，生徒同士で，物や人物を 1 文で説明し合い，ペア同士で当てさせたりする活動を行う。

5 評価テスト例

【英語を聞いて答える問題】 　　　　　　　　【思考・判断・表現】（各2点×5＝10点）

　ALT のリビー（Libby）先生は，英語の授業で生徒にクイズを出しています。No.1～No.
5を聞き，それぞれ何を説明しているか聞き取り，それぞれア，イ，ウ，エから1つずつ
選び，記号で答えなさい。

No.1	ア	かるた	イ	年賀状	ウ	初詣	エ	お年玉
No.2	ア	寿司	イ	おでん	ウ	サンドイッチ	エ	おにぎり
No.3	ア	カバ	イ	きりん	ウ	コアラ	エ	パンダ
No.4	ア	ヘルメット	イ	自転車	ウ	傘	エ	長くつ
No.5	ア	医者	イ	看護師	ウ	美容師	エ	パイロット

放送文

No.1　It is a kind of card which Japanese people send for New Year's Day. Many people like to receive it to celebrate the New Year.

No.2　It is a popular food which Japanese people like to eat. It is easy to make. You can take it when you go hiking. It is made of rice.

No.3　It is an animal which has a big mouth and small ears. It lives in the water and can walk under the water.

No.4　It is a thing that protects us from rain or hot sun. When we go somewhere, we check the weather. If we find it's going to rain, we will take it with us.

No.5　This is a person who looks after people who are ill. He or she helps doctors.

3 「聞くこと」の評価テスト

評価の観点：思考・判断・表現
言語材料：特になし　　**場面**：英語の授業でアメリカのニュースを聞く
実施時期：3学期

1 問題作成のねらい

　3年生最後の評価テストであるので，やや難易度が高いが，できるだけオーセンティックな場面を設定するため，アメリカのテレビ放送を英語の授業で聞くという場面にした。特定の言語材料はないが，既習事項を用いたリスニングとなる。

2 評価規準

　アメリカで放映された日本人男性についてのテレビ放送から，その内容や概要，要点を聞き取っている。　　　　　　　　　　　　　　　　　　　　　　　　　　　【思考・判断・表現】

3 解答および解説

解答　No.1　d　　No.2　c　　No.3　a　　No.4　b

解説　No.1は，話の話題の中心を捉える問題で，ここでは，おじいさんからもらったカメラということが話題となっている。答えは，dのA camera given by a grandfather. となる。

　No.2は，ロサンゼルスに何年住んでいたかを聞き取らせる。本文中に，for 15 years とあるので，答えは，cのYes. He lived there for 15 years. である。

　No.3は，孫が撮った写真を見たとき，祖父がどう感じたかどうかを聞き取る問題である。答えはaのHe felt happy. である。

　No.4は，カメラを何年間使っているかを問う問題で，答えは，bのFor 40 years. である。

4 言語活動へのヒント

　多くの情報がある場合は，メモを取るということも1つの手段となる。人はメモを取ることで，内容や話の流れがよく理解できる場合がある。そこで，教師のTaecher's TalkやALT Talkを聞いた後，話を再現させる機会を設け，再現するために必要な情報はメモをしておくとよいことに気づかせたい。

5 評価テスト例

【英語を聞いて答える問題】　　　　　　　　　【思考・判断・表現】（各2点×4＝8点）

　山田（Mr.Yamada）先生は，アメリカのロサンゼルス支局でテレビ放映されたもの生徒達に見せています。それを聞き，No.1〜No.5の質問の答えとして最も適切なものを，a〜dの中から1つずつ選び，記号で答えなさい。

放送文

Hello, everyone. This is ABC News from Los Angeles. Today I want to share a Japanese man who sent us a letter with pictures. His name is Takeru. He lives in Gifu, but he lived in Los Angeles for 15 years. He has shown us a picture of the camera his grandfather bought for him. It was a memorial one.

Takeru often went to the countryside to take pictures when he was young. He took many pictures of rivers, fish swimming in the river, mountain, waterfalls. He sent the pictures to his grandfather. He looked very happy to see them. His grandfather died at the age of 90 last year. He remembered pictures which Takeru took a long time ago.

This is his camera. It looks old, but he is still using it. He has been using it for 40 years. That's his precious camera.

Now we have many new things around us. I tend to throw an old one away and buy a new one. But stop throwing away.

No.1　What is the topic about?

　　　a. A picture that Japanese man took.　　b. A picture taken in Japan.

　　　c. A camera a Japanese boy bought.　　d. A camera given by a grandfather.

No.2　Did Takeru live in Los Angles?

　　　a. Yes. He lived there for 2 weeks.　　b. Yes. He lives in Los Angeles now.

　　　c. Yes. He lived there for 15 years.　　d. No. He has never been to Los Angeles.

No.3　What did his grandfather feel when he saw pictures Takeru took?

　　　a. He felt happy.　　b. He felt sad.　　c. He felt excited.　　d. He felt young.

No.4　How long has Takeru been using the camera?

　　　a. For 15 years.　　b. For 40 years.　　c. For 50 years.　　d. For 90 years.

「読むこと」の評価テスト

評価の観点：思考・判断・表現
言語材料：現在完了形　　**場面**：夕焼けを見ながら天気の話をしている
実施時期：1学期

1　問題作成のねらい

　「非常に濃い赤色の夕焼けは，雨の前兆」という自然科学の話題を取り上げた。ジョセフとミキの会話から，概要や要点を読み取らせる。当初は，問1及び問2を「知識・技能」で考えたが，特定の言語材料の知識を問うわけではないので，「思考・判断・表現」の問題とした。

2　評価規準

　「赤黒い夕焼けは，雨の兆候になる」という科学的根拠を理解するために，ジョセフとミキの対話文から，自然現象となる要点を捉えている。　　　　　　　　　　　【思考・判断・表現】

3　解答および解説

　　解答　　問1　d　　　問2　明日は雨が降るということ。　問3　ア
　　解説　　問1　「空を見て」と言っているが，対話から想像し，夕焼けを見ていることを理
　　　　　　　　　解させたい。
　　　　　問2　that は1文を指し，語尾は「〜すること」で解答する。
　　　　　問3　太陽光が私たちのところまで届くまでに，大気中を通ってくる。太陽が西に
　　　　　　　　　あると大気の幅が広くなり，大気中に水蒸気が多いと，紫や青，緑，オレン
　　　　　　　　　ジ，黄色などがどんどん吸収されていき，最終的に赤色だけが届くことにな
　　　　　　　　　る。よって，非常に赤い夕焼けは，大気中に水蒸気があるということになり，
　　　　　　　　　翌日は雨になる。

4　言語活動へのヒント

　「適切な読み」とは，一字一句を理解するというより，おおよそ全体として何が書かれているのかを理解し，書き手のメッセージを理解することになる。そこで授業では，「概要（outline）」から「要点（point of view）」へと，Top Down 志向の読みを行う。また，教科書の英文を訳すのではなく，自分の言葉で，話す内容を整理しながら，適切に説明することができるよう日常の授業から繰り返し行い，整理して話をするようにする。そのようにすることで，読んだことを話すことによって，理解が深まり，整理して話す習慣となる。

5 評価テスト例

【英語を読んで答える問題】　　　　　　　　　【思考・判断・表現】(各2点×3＝6点)

ジョセフ（Joseph）は，ミキ（Miki）と家に帰る途中，天気の話題になり，ジョセフは説明を始めました。ジョセフはどんな説明だったのでしょうか。問１〜問３に答えなさい。

> Miki　：(1) Look. It's so beautiful. Have you ever seen such a beautiful sunset?
>
> Joseph：Yes, I've seen it many times. You have to be careful. It will be rainy tomorrow.
>
> Miki　：What? We can see the beautiful sunset. It's beautifully red.
>
> Joseph：So, it will be rainy tomorrow. It's too red.
>
> Miki　：Sorry, I can't understand (2) that. When you see a beautiful sunset, will it be rainy in your country? In Japan, a beautiful sunset means it will be sunny the next day.
>
> Joseph：You are true, but look at the sunset. Isn't it too red? So it will be rainy tomorrow. (3) Look at this. Here is the sun. In the evening, the sun is in the west and the sunshine comes through the air. The sun is far from us, so the sunshine comes through a long way in the air. The water in the air catches blue light and scatters it in the air. The other colors are also scattered in the air. Then only red light reaches us through the air. So the sunset looks dark. If there is not water in the air, other colors come to us with the red light, the sunset looks yellow or light red.
>
> Miki　：I see. I have to think twice about my plan to go hiking for tomorrow.

問 1　下線部(1)で，２人は何を見ていますか。

　　　a. A book.　　　b. A picture of the sun　　　c. Beautiful stars.　　　d. A sunset.

問 2　下線部(2)の that は何を指しますか。日本語で答えなさい。

問 3　下線部(3)で Joseph はどんな絵を描いて説明したのでしょうか。ア〜エから最も適するものを１つ選び，記号で答えなさい。

ア　　　　　　　　イ　　　　　　　　ウ　　　　　　　　エ

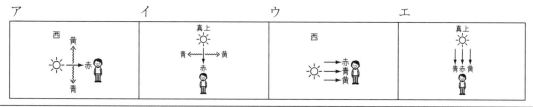

5 「読むこと」の評価テスト

評価の観点：思考・判断・表現
言語材料：関係代名詞　　**場面**：ベトナム人のチャがコーヒー豆について話す
実施時期：2学期

1 問題作成のねらい

　茶色いコーヒー豆は，元々はフルーツの実の種であることや，コーヒーの実がチェリーに似ていることから，coffee cherry と呼ばれていること等を題材に，「思考・判断・表現」の問題として作成した。英文を並べ替えて意味の通るようにする問題を本評価テストに入れた。このことにより，英文間の関連性に意識を向け，論理的に並べ替える活動は，生徒が英作文をする際に，伝えたいことの内容を整理して伝えることにつながることと考える。

2 評価規準

　ベトナムから来たチャの話を読み，英文の概要や要点を捉えている。　　　【思考・判断・表現】

3 解答および解説

> **解答**　問1　b　　問2　a　　問3　ウ→イ→ア→オ→エ

> **解説**　問1は，出だしの部分で，話のテーマにつながるように導く1文が入る。2行目に，How much do you know about your favorite thing? とあることからも，話題は好きなことからスタートしていることが分かる。
> 　問2は，英単語の意味を，文章の中で類推する問題である。通常の意味の「果物」で文章を読んでいては，正しい読みにはならない。そこで，fruit の意味をどの程度，推測できるかを問う問題である。
> 　問3は，文脈をつくり，前後の文がつながるよう，文同士の結束性を図りつつ，並べ替える問題である。答えは，You can see a green round fruit. When it is ripe, the green color turns into pink or red color. It looks like a cheery. So, we call it "coffee cherry." In the cherry, there are seeds. となる。

4 言語活動へのヒント

　初見で読む文章を，いくつかのパートに区切り，意味の通るように並べ替え活動をさせる。その際，個人でやるのではなく，ペアで行わせ，読み取った内容を伝え合いながら，文章の意味を理解させていくとよい。本評価テストのように文を並べ替えるのに加え，ある程度，まとまった内容のパラグラフなどを並べ替えさせることもできる。

5 評価テスト例

【英語を読んで答える問題】　　　　　　　　　【思考・判断・表現】（各2点×3＝6点）

　チャ（Tra）は，ベトナムから来た女の子です。英語の授業で，自分の国の特産物について話しています。何について話しているのでしょうか。問1〜問3に答えなさい

　　　　ア　　　　Is it sport? Is it music? Is it sweet? For me, it is coffee. My family loves to drink coffee. Many people in the world love to drink it. How much do you know about your favorite thing? Today I will show you how we grow them.

　In my country, we grow coffee beans. You probably know that coffee grows on trees. Have you ever seen coffee beans on trees? Beans themselves are not grown on trees. They are イ fruit at first. Then, do you know what color the fruit of coffee beans is? Most of you have not seen them. Look at this. It is the fruit of coffee.　　イ　　Those seeds become coffee beans.

　Can you grow coffee in Japan? You probably can't. In most of the countries in Southeast Asian or South America, they grow coffee because they have nice temperature to grow coffee. First, they have rainy and dry seasons. In the rainy season, they have much rain. In the dry season, they do not have rain. They need two opposite seasons. Second, to grow coffee trees, they need warm weather all round year.

問1　　　　ア　　　　に適する英文を次から1つ選び，記号で答えなさい。

　　　a. What do you do in your free time?　　b. What is your favorite thing?
　　　c. Do you know what this is?　　　　　　d. Have you seen this?

問2　下線部イの fruit とはどういう意味ですか。次の中から1つ選び，記号で答えなさい。

　　　a. 実　　　b. 果物　　　c. 種　　　d. 花びら

問3　次のア〜オを並べ替えて，　　イ　　に入る文章を完成させない。

　　ア　It looks like a cheery.
　　イ　When it is ripe, the green color turns into pink or red color.
　　ウ　You can see a green round fruit.
　　エ　In the cherry, there are seeds.
　　オ　So, we call it "coffee cherry."

6 「読むこと」の評価テスト

評価の観点：知識・技能／思考・判断・表現
言語材料：間接疑問文　　**場面**：ALT の最近読んだ日本小説の話を聞く
実施時期：３学期

1 問題作成のねらい

　本評価テストでは，ALT が日本文学に興味があり，最近読んだ芥川龍之介の「蜜柑」という本を紹介している場面である。生徒によっては，あまり日本文学を読んでいないこともあるので，日本文学に触れるきっかけにもしたい。また，実際の「蜜柑」に出てくる女の子の像が横須賀市にあることから，そこを春休みに尋ねたいと言って，話を締めくくる。問１では，間接疑問文の整序作文で，書くことにおける「知識・技能」を問う問題である。このように，読むことの問題の中でも，書くことの問題が入る「総合問題」が，今回の３観点評価では，可能になってくる。

2 評価規準

・間接疑問文の特徴や決まりに関する事項を理解し，文章の中でその内容を捉える技能を身に付けている。 　　　　　　　　　　　　　　　　　　　　　　　　　　　　【知識・技能】
・ALT のリビー（Libby）先生が読んだ小説について，英語の授業で生徒に話した内容を読み，話の概要や要点を捉えている。 　　　　　　　　　　　　　　【思考・判断・表現】

3 解答及び解説

解答　問１　Do you know who wrote this book?
　　　　問２　女の子が三等車のチケットしか持っていないのに，二等車の席に座ったから。
　　　　問３　奉公に行く前に，幼い弟たちに自分のミカンをあげているのを見たから。

解説　問１は，「知識・技能」を問う問題であり，間接疑問文の入った文である。問２及び問３は，話者の心情の理由を問う問題で，どちらも「〜から」で終えるようにする。問３では，「奉公に行く前に」と「女の子が幼い弟たちに自分のミカンをあげているのを見た」という２つが書かれていれば正答とする。ただし，どちらか１つだけ書かれている場合は，準正答とし１点とする。

4 言語活動へのヒント

　日本の名作を150〜200語程度の英語であらすじを紹介し，英語を読む機会をもたせる。本評価テストのように，主人公の心情などを英文から読み取らせることもしたい。

5 評価テスト例

【英語を読んで答える問題】　　　　　　【知識・技能】（2点）【思考・判断・表現】（4点）

　ALT のリビー（Libby）先生は，日本文学を読むのが好きです。リビー先生は，今年の冬に読んだ小説について生徒に話しています。それを読んで後の問に答えなさい。

　Have you ever read the book called "Mikan" ? ア〔know / do / wrote / you / this book / who / ?〕It was written by Akutagawa Ryunosuke about 100 years ago. When he was an English teacher, he took the train to school. The story is about his experiences on the train.

　One winter evening, a man was sitting in a second class car. Then, he saw a girl who came into the car with a third class ticket. She sat in front of him. In those day, there were three types of *cars, first class, second class and third class. First class tickets were the most expensive. She sat in a seat in the second class car with a third class ticket. イ The man didn't feel good about her sitting in the second class. When the train was running through a tunnel, she opened the window. Black smoke came in the car. He couldn't understand why she opened the window. When the train came out of the tunnel, she suddenly took out oranges and threw them out the window to some boys. They were her brothers sending her off to be a *servant. When he saw her throwing oranges to them and the look on her face, ウ he felt warm-hearted. She looked very different.

　When I learned her statue is in Yokosuka city, I want to visit there this spring.

*car 車両　*servant 奉公人

問1　下線部アを意味の通る文になるように，並べ替えなさい。　　【知識・技能】2点

問2　下線部イで，「彼女を見てあまりいい気分でなかった」とありますが，それはどうしてですか。日本語で答えなさい。　　　　　　　　　　　　【思考・判断・表現】2点

問3　下線部ウで「気持ちが温かくなった」とありますが，それはどうしてですか。日本語で答えなさい。　　　　　　　　　　　　　　　　　　【思考・判断・表現】2点

7 「話すこと［やり取り］」の評価テスト

評価の観点：知識・技能／主体的に学習に取り組む態度
言語材料：現在完了形／その他既習事項　　**場面**：教師とインタビュー形式で話す
実施時期：1学期

1 問題作成のねらい

　現在完了形が，実際のコミュニケーションにおいて活用できる技能になっているか確認するために，教師が質問し，生徒が答えるというインタビューテスト形式で行う。

2 評価規準

・現在完了形及び既習事項の特徴や決まりを理解し，教師の質問に対して，正確に答える技能を身に付けている。　　　　　　　　　　　　　　　　　　　　　　　　　　　　【知識・技能】

・自分のことを相手により分かりやすく伝えるために，＋αの情報を付け加えたり，具体的な事例を用いたりしながら，応答しようとしている。　　　　　【主体的に学習に取り組む態度】

3 パフォーマンステスト 　方法　教師と生徒とのインタビュー形式　　時間　1分間

【ルーブリック評価例】

	知識・技能	思考・判断・表現	主体的に学習に取り組む態度
a	現在完了形及び既習事項の質問に対して，**正確に答えられ**ている。		□質問に答えた後，＋αの情報を付け足しそうとしている。（bをクリアした上で）
b	現在完了形及び既習事項の質問に対して，**やや誤りがある**が答えられている。		（発話の基本2原則）□適切な声量 □正確な発音（対話の基本3原則）
c	現在完了形及び既習事項の質問に対して，**誤りや1～2語**文の応答が多い。		□相づち □アイコンタクト□ジェスチャー（4つ以上b，3つは以下c）

4 言語活動へのヒント

　基本的な QA については，1枚の QA シートを作成し，左側に質問，右側に答えを載せておき，簡単な質問にはすらすら答えられるだけの力を付けることをねらいとし，ペアで練習させたい。また，右側を隠し，質問に対する応答を書かせれば，ライティングの練習にもなる。

5 評価テスト例 （テストは以下のワークシートを見ずに行う）

パフォーマンステスト

基本的な質問にすらすら答えよう！

　みなさんは中学校生活3年目になりました。この間，みなさんは大きく成長したと思います。そこで改めて，皆さんのことをよく知りたいと思い，色々質問します。元気よく，答えてくださいね。また，＋αの情報を付けたり，相づちやアイコンタクト，ジェスチャーに気を付けたりすることは，忘れずに！

How long have you lived in this town?

I have lived in this town for 15 years. I was born in this town.

質問例

Questions	Sample Answers
1. How long have you lived in this town?	1. I have lived in this town for 4 years.
2. Do you play sports?	2. Yes, I do. I play volleyball.
3. Do you belong to the volleyball team?	3. Yes, I do. We practice it very hard.
4. How long have you been playing it?	4. I have been playing it for 8 years.
5. When did you begin playing it?	5. I began playing it when I was a 3rd year student in elementary school.
6. Have you ever been to foreign countries?	6. No, I haven't. I want to go to Australia in the future.
7. Where have you visited in Japan?	7. I have visited Okinawa.
8. How many times have you visited there?	8. I have visited there once.
9. Tell me about that.	9. I went to Okinawa 5 years ago. I joined the Marine Seminar.
10. Have you eaten lunch yet?	10. No. I haven't eaten it yet.

8 「話すこと［やり取り］」の評価テスト

> 評価の観点：知識・技能／思考・判断・表現／主体的に学習に取り組む態度
> 言語材料：関係代名詞　　場面：あるモノや動物，人を英語で説明する
> 実施時期：2学期

1 問題作成のねらい

　関係代名詞を用いて，実際のコミュニケーションにおいて活用できる技能を確認するため，あるものを英語で説明する場面を設定した。しかし，条件を付けないと，関係代名詞を使わなくてもできてしまうので，「1文で相手に説明しよう」とした。

2 評価規準

- ・関係代名詞の特徴や決まりを理解し，関係代名詞を用いて伝える技能を身に付けている。
  【知識・技能】
- ・伝えたいものが相手にうまく伝わるように，内容を整理したり，必要な情報を入れ，伝えたりする等，適切な文選択ができている。　【思考・判断・表現】
- ・伝えたいものが相手にうまく伝わるように，必要な情報を入れたり，既習事項を用いたりしながら，主体的に考え，伝えようとしている。　【主体的に学習に取り組む態度】

3 パフォーマンステスト

　　　　　　　　 方法 　ペア　　 時間 　2分間（1分が経過したところで，出題者が替わる）
【ルーブリック評価例】

	知識・技能	思考・判断・表現	主体的に学習に取り組む態度
a	関係代名詞及び既習事項を**正確に用いている**。	内容を整理し，必要な情報を入れたり，**理解度を確認したり，適切なやり取りを行っている**。	□学習した文法や語句を積極的に使おうとしている。 □＋aの情報を付け足そうとしている。 **（発話の基本2原則）** □適切な声量で話している。 □発音に気を付けている。 （3つ以上はa，2つはb）
b	関係代名詞及び既習事項について，**やや誤りがあるが**，伝えられている。	内容を整理し，必要な情報を入れたりする等，適切な文選択ができている。	
c	関係代名詞及び既習事項に，**誤りや1〜2語文が多い**。	コミュニケーションが上手にとれていない。	

4 言語活動へのヒント

「1文で説明しよう」とすることで，関係代名詞を使う可能性が生まれる。

5 評価テスト例 （テストは以下のワークシートを見ずに行う）

パフォーマンステスト

モノや動物，人を当てよう！

　カードを１枚引き，それを<u>１文で説明し</u>，相手に当ててもらいましょう。うまく伝えられるかな？　もし，うまく当ててもらえなかったら，＋αの情報を付け加えたり，当てる方が質問したりしてもいいです。できるだけ最初の１文で当ててもらうようにしましょう。

例

Ⓐ　animals	Ⓑ　fruits	Ⓒ　vegetables	Ⓓ　others
elephant（ゾウ）	banana（バナナ）	cucumber（きゅうり）	food
giraffe（キリン）	apple（りんご）	eggplant（ナス）	*natto*（納豆）
cow（牛）	strawberry（いちご）	onion（たまねぎ）	*tofu*（豆腐）
horse（馬）	cherries（さくらんぼ）	tomato（トマト）	sandwich（サンドィッチ）
lion（ライオン）	grapes（ぶどう）	green pepper（ピーマン）	*onigiri*（おにぎり）
mouse（ねずみ）	orange（オレンジ）	potato（ジャガイモ）	things
hippo（カバ）	peach（桃）	corn（トウモロコシ）	scissors（ハサミ）
panda（パンダ）	watermelon（スイカ）	spinach（ほうれん草）	chopsticks（箸）
koala（コアラ）	mango（マンゴー）	Japanese radish（大根）	umbrella（傘）
chicken（にわとり）	pear（梨）	lettuce（レタス）	dictionary（辞書）
penguin（ペンギン）	melon（メロン）	cabbage（キャベツ）	sports
ant（あり）	grapefruit（グレープフルーツ）		old story
cockroach（ゴキブリ）	lemon（レモン）		teacher
monkey（サル）			singer　等

9 「話すこと［やり取り］」の評価テスト

評価の観点：知識・技能／思考・判断・表現／主体的に学習に取り組む態度
言語材料：仮定法過去　　場面：意見交換する
実施時期：3学期

1 問題作成のねらい

　教師と生徒で会話をすると，どうしても，教師が会話をコントロールしがちである。そこで，本評価テストでは，生徒同士の会話とし，仮定法を用いた話題で2分間，対話させる。

2 評価規準

・仮定法過去や既習事項の特徴や決まりを理解し，自分の考えを述べたり，相手に質問したりする技能を身に付けている。　　　　　　　　　　　　　　　　　　【知識・技能】

・自分の考えを伝えたり，相手の考えを理解したりするために，簡単な語句や文を用いて伝えたり，相手からの質問に答えたりしている。　　　　　　　　　　　　【思考・判断・表現】

・自分の意見を積極的に伝えられるよう，話題に関連する英文を1文〜2文付け足すなど，＋αの情報を付け加えようとしている。　　　　　　　　　　【主体的に学習に取り組む態度】

3 パフォーマンステスト　　　　　方法　生徒同士のペア　　時間　2分間

【ルーブリック評価例】

	知識・技能	思考・判断・表現	主体的に学習に取り組む態度
a	仮定法過去や既習事項を，ほぼ正確に活用できている。	簡単な語句や文を用いて伝えたり，**相手意識をもって，柔軟に対応しながら**，質問に答えたり，やり取りしている。	□学習した文法や語句を積極的に使い，質問に答えた後，＋αの情報を付け足そうとしている。（bをクリアした上で）
b	仮定法過去や既習事項に，**多少誤り**が見られる。	簡単な語句や文を用いて伝えたり，相手からの質問に答えたり，やり取りしている。	**（発話の基本2原則）** □声量　□発音 **（対話の基本3原則）** □相づち　□アイコンタクト □ジェスチャー（3つ以上b）
c	仮定法過去や既習事項に，**誤り**や1〜2語文の発話が多い。	十分なやり取りに至っていない。	

4 言語活動へのヒント

　仮定法過去が入ったお題を出し，そのテーマで2分間会話する活動を帯学習に入れながら自分の思いや考えを話すことに慣れさせる。

5 評価テスト例 （テストは以下のワークシートを見ずに行う）

パフォーマンステスト

もしこんなことがあり得たら？

　現実にはあり得ないことが，もし可能だとしたら，みなさんはどうしますか？　果てない夢を描き，アイデアを湧きあがらせましょう！

> What would you do if you won a lottery?

> If I won a lottery, I would travel all over the world！

トピック例

Topic1	If you had a time machine, what would you do?
Topic2	If you had one million yen, what would you do?
Topic3	If you were a bird, what would you do?
Topic4	If you could talk with animals, what animal would you talk with?
Topic5	If you found money on the street, what would you do?
Topic6	If you could make three wishes, what would you wish?
Topic7	If you had a lot of free time, what would you do?
Topic8	If Doraemon were your best friend, what would you ask him to do?
Topic9	If you could live in a foreign country for two year, where would you like to live?
Topic10	If you could do a part-time job, what would you do?

10 「話すこと［発表］」の評価テスト

評価の観点：知識・技能／思考・判断・表現／主体的に学習に取り組む態度
言語材料：現在完了形　　場面：続けていることを友達に紹介する
実施時期：1学期

1　問題作成のねらい

　普段接していても，なかなか友達のことを深く知る機会はないので，何か1つを続けていたり，何かを集めていたり，長く付き合っている人を紹介する等，現在完了形を用いるような場面設定とした。

2　評価規準

・発音やイントネーション，ストレス等，音声上の決まりを理解し，音声化する技能を身に付けている。　　　　　　　　　　　　　　　　　　　　　　　　　　【知識・技能】

・長く続けていることなどを伝え，自分をよく知ってもらうために，伝えたい内容を整理し，簡単な語句や文を用いて，伝えている。　　　　　　　　　　　　　【思考・判断・表現】

・発話を伝えやすくするために，適切な音量ではっきりと話したり，正確な発音をしたり，物などをみんなに見えるように提示しようとしている。　【主体的に学習に取り組む態度】

3　パフォーマンステスト　　方法　スピーチ／Show and Tell 形式　　時間　1分間

【ルーブリック評価例】

	知識・技能	思考・判断・表現	主体的に学習に取り組む態度
a	発音やイントネーション，ストレス等，**ほぼ正確に**，音声化する技能を身に付けている。	伝えたい内容を整理し，自分が続けているものを，**他者意識をもって，具体的に**伝えている。	□相手の反応を確認したり，対応したりしながら，話そうとしている。 （bをクリアした上で）
b	発音やイントネーション，ストレス等，**やや課題が見られる**。	伝えたい内容を整理し，自分が続けているものを伝えている。	**（発表の基本4原則）** □正確な発音　□適切な声量 □アイコンタクト
c	発音やイントネーション，ストレス等，**課題が見られる**。	適切に伝えられていない。	□ジェスチャー （3つ以上はb，2つはc）

4　言語活動へのヒント

　4人1組のグループで，1人の発表を2分とし，終わったら，質疑の時間をとるなど，即興的な対話活動を行うようにする。

パフォーマンステスト

あなたが継続しているものは何かな？

　継続は力なり！　何か1つのことをやり続けることができるものは，将来の仕事や生活の面で，非常にプラスの力となります。

　今日は，みんなが取り組んでいることや，長く持っている物を紹介し合い，あなたの違った一面を友達にお伝えしましょう。物や写真を提示してもいいです。

Hello. You know I do *judo*, right?
Then, when did I start practicing *judo*?
Do you know?

When you were a 1st year student in elementary school.

友達のスピーチに反応してみよう！

□どのくらいやっているの？　How long have you been ... ing ...?

□〜したことがある？　Have you ever 過去分詞？

□3回やったことがある。　I have 過去分詞 ... three time.

□何回〜したことがあるの？　How many times have you 過去分詞？

□（久しく）やっていません。　I haven't been ... ing ... (for a while).

□〜に挑戦したことはありますか。　Have you ever tried ...?

11 「話すこと［発表］」の評価テスト

評価の観点：知識・技能／思考・判断・表現／主体的に学習に取り組む態度
言語材料：特になし　　**場面**：興味のある社会的な話題についてプレゼン発表する
実施時期：2学期

1　問題作成のねらい

　タブレット1人1台端末時代であることからも，1年に一度は積極的にプレゼン発表を計画し，提示資料を効果的に活用しながら，プレゼン技能を伸ばさせたい。そこで，3年生ということから，社会的な話題について調べ，自分の意見や考えを述べ，主張する機会を設ける。

2　評価規準

- 発音やイントネーション，ストレス等，音声上の決まりを理解し，音声化する技能を身に付けている。　　　　　　　　　　　　　　　　　　　　　　　【知識・技能】
- 社会的な話題について，クラスのみんなに伝えたいことを整理し，Introduction―Body―Conclusion を意識して特徴を表す写真等を見せながら伝えている。　【思考・判断・表現】
- 発話を伝えやすくするために，適切な音量ではっきりと話したり，正確な発音をしたり，物などをみんなに見えるように提示しようとしている。　【主体的に学習に取り組む態度】

3　パフォーマンステスト　　方法　プレゼン方式　　時間　2分（2時間扱い）

【ルーブリック評価例】

	知識・技能	思考・判断・表現	主体的に学習に取り組む態度
a	発音やイントネーション，ストレス等，**ほぼ正確に**，音声化する技能を身に付けている。	特徴を表す写真等を見せながら，**構成を考え**，社会的な話題について発表している。	□bに加え，写真や物等の提示物を上手に活用しようとしている。
b	発音やイントネーション，ストレス等，**やや課題が見られるが**，音声化する技能を身に付けている。	特徴を表す写真等を見せながら，社会的な話題について，発表している。	□発音に気を付けている。 □適切な声量で話している。 □相づち □アイコンタクト □ジェスチャー （3つ以上はb，それ以下はc）
c	発音やイントネーション，ストレス等，**課題が見られる**。	社会的な話題について発表できていない。	

4　言語活動へのヒント

日頃から What do you think about it? 等，考えをもたせ，引き出す機会をつくる。

5 評価テスト例 （テストは以下のワークシートを見ずに行う）

パフォーマンステスト

社会的な話題について, プレゼン発表しよう!

　社会の一員として生きるみなさんにとって, 社会的な話題に関して, 自分の考えや思いをもち, それを他者に伝えることは大事になってきます。今日は, 関心のある「社会的な話題」について調べたものを発表します。提示資料の見せ方等も工夫しましょう!

　相づち, アイコンタクト, ジェスチャーの対話の基本3原則も忘れずに!

Hi, friends. Have you ever seen these yellow blocks? They are made for blind people. Look at this picture. Many bikes are on them.

社会的な話題には, どんなことがあるかな?

12 「話すこと［発表］」の評価テスト

評価の観点：知識・技能／思考・判断・表現／主体的に学習に取り組む態度
言語材料：特になし　　**場面**：さようならスピーチを行う
実施時期：3学期

1　問題作成のねらい

　言語材料は特定せず，「3年間の思い出」「今後，頑張りたいこと」「将来の夢」の中から1つ選び，さようならスピーチを行う。

2　評価規準

・発音やイントネーション，ストレス等，音声上の決まりを理解し，音声化する技能を身に付けている。　　　　　　　　　　　　　　　　　　　　　　　　　【知識・技能】

・さようならスピーチを行うために，伝えたい内容を整理し，自分の思いや考えが伝わるよう話の順番等を工夫し，発表している。　　　　　　　　　　　【思考・判断・表現】

・相手意識をもち，自分が話していることが相手に理解を途中で確認するなどしながら，自分のことを伝えようとしている。　　　　　　　　　【主体的に学習に取り組む態度】

3　パフォーマンステスト　　方法　スピーチ形式　　時間　2分（2時間扱いとする）

【ルーブリック評価例】

	知識・技能	思考・判断・表現	主体的に学習に取り組む態度
a	発音やイントネーション，ストレス等，**ほぼ正確に**，音声化する技能を身に付けている。	伝えたい内容を整理し，思いや考えが伝わるよう，話の順番等を工夫し，**聞き手の反応を見ながら**，発表している。	□相手の反応を確認したり，対応したりしながら，話そうとしている。（bをクリアした上で）
b	発音やイントネーション，ストレス等，**やや課題が見られる**。	伝えたい内容を整理し，思いや考えが伝わるよう，話の順番等を工夫し，発表している。	**(発表の基本4原則)**□正確な発音　□適切な声量□アイコンタクト
c	発音やイントネーション，ストレス等，**課題が見られる**。	伝え方が十分でない。	□ジェスチャー（3つ以上はb，2つはc）

4　言語活動へのヒント

　人はいきなり大勢の前で話をするのは，緊張と不安を感じるものである。そこで，本発表前には，ペアで発表をしあいながら，自信をつけさせてから行わせるようにしたい。

5 評価テスト例（テストは以下のワークシートを見ずに行う）

パフォーマンステスト

See you, everybody!

　3年間，共に生活し過ごした仲間とも，少しでお別れです。みなさんが過ごした3年間の思い出や，卒業後，頑張って行おうとすることの決意，また将来にわたっての夢などを，1人1人最後に伝える，さようならスピーチを行いましょう。

　忘れずに！　●正確な発音，適切な声量，アイコンタクト，ジェスチャーの＜発声の基本4原則＞

　☆どんな話題にしますか？　次の中から1つ選びましょう。
　　　①　3年間の思い出　　②　今後，頑張りたいこと　　③　将来の夢

＜メモ＞

---

13 「書くこと」の評価テスト

評価の観点：知識・技能／思考・判断・表現
言語材料：現在完了形　　**場面**：自己紹介文を書いて自分のことを伝える
実施時期：1 学期

1 問題作成のねらい

　現在完了形の「知識・技能」を確認するため，問1では，情報を与え，それに基づき英語で表現することで，現在完了形が使われる場面とした。問2では，自分のことで書くようにした。

2 評価規準

・現在完了形及び既習事項の文構造等の決まりを理解し，それらを正確に用いて書く技能を身に付けている。（問1）　　　　　　　　　　　　　　　　　　　　　【知識・技能】
・自分のことを詳しく知ってもらうために，簡単な語句や文を用いて，伝えたい内容を整理し，他者意識をもって書いている。（問2）　　　　　　　　　　　　【思考・判断・表現】

3 解答及び解説

　解答　問1　省略
　　　　　問2　（例）⑥ Do you like studying English? Yes, I do. English is my favorite subject. I have been studying it for 43 years. When I was in third year at junior high school, I talked to a woman from other countries. At first, I couldn't understand her English at all. So, I decided to attend the English Conversation Class. I learned that English is fun. Since then, I have liked English. English is a useful tool to communicate. Why don't you learn it, and enjoy talking? Thank you. (12)
　解説　問2は，次の条件で採点する。
　　　　　＜条件1＞　話の内容に一貫性がある。（1点）
　　　　　＜条件2＞　接続詞などを効果的に用いている。（1点）
　　　　　＜条件3＞　10文以上で書いている。（5点）
　　　　　＜条件4＞　自分の続けていることなどを紹介するために，**伝えたい内容を整理し，他者意識をもって書いている。**（3点）

4 言語活動へのヒント

　テーマを与え，それについて深く考え，話題を膨らませ，詳しく書くようにさせる。

5 評価テスト例

【英語を書いて答える問題】　　　　　　【知識・技能】（10点）【思考・判断・表現】（10点）

問1　あなたは英語の宿題で，先生を紹介することになり，昼休みに山田先生の情報を
集めました。下の表を見ながら，山田先生を紹介する文を5つ以上書きなさい。

【知識・技能】

山田先生の情報

項目	メモ
①　住んでいる所（期間）	大阪：Osaka（30年間）
②　スポーツ歴	サッカー：soccer（20年間）　柔道：*judo*（3歳の時から）
③　ファン歴	野球：baseball（小学5年生から）　歌手等（10年間）
④　海外渡航先（回数）	中国：China（1回）ベトナム：Vietnam（2回） カナダ：Canada（3回）
⑤　趣味（期間）	ギター：guitar（中学1年生から）　映画鑑賞（20年間） 切手収集（小学3年生から）
⑥　語学（期間）	英語：English（28年間）　イタリア語：Italian（2021年から）
⑦　乗っている車（期間）	赤い車（2か月前に購入）

問2　次の日の英語授業では，山田先生の紹介文を参考に，あなたも自分自身を紹介す
ることになりました。問1の①〜⑦の項目のどれか1つを選び，それについて詳し
く紹介しつつ，自分を紹介する文を10文程度で書きなさい。次の出だしから始めま
すが，その文は，10文程度の中には含まれません。　　　　　　【思考・判断・表現】

Hello, I'm（　　　　　　　　　）.

_____

_____

_____

_____

_____

14 「書くこと」の評価テスト

評価の観点：思考・判断・表現
言語材料：関係代名詞　　**場面**：日本文化や町のよさを海外の人に紹介する
実施時期：2学期

1 問題作成のねらい

　日本の文化や自分の住んでいる町について，そのよさや特徴を簡単な語句や文を用いて，説明できる力を測る。問1では，説明するものを自分で選ぶ選択制にしている。問2では，対話文の中にある質問を利用し，それについてあなたはどう思うか，実際のことを尋ねている。

2 評価規準

・アフリカからくる中学生のために，日本文化について，簡単な語句や基本的な表現を用いて書いている。（問1）　　　　　　　　　　　　　　　　　　　【思考・判断・表現】
・リビー（Libby）先生の質問に答えるために，住んでいる町のよさを伝える文を，簡単な語句や基本的な表現を用いて書いている。（問2）　　　　　　　　　【思考・判断・表現】

3 解答及び解説　　＊紙面の都合上，**問1のみ**解答及び解説を行う

　解答　　問1　（例）〔年賀状〕*Nengajo* is a card which people send to each other for New Year's Day. We celebrate New Year with it. We write some messages on the card with pictures or photos. We enjoy reading it because we can get the news about our friends. Everyone is looking forward to receiving it.

　解説　　問1を次の条件で採点する。
　　　　　＜条件1＞　　1文目で，文化が何であるかを明確に示している。（1点）
　　　　　＜条件2＞　　1文が全て5語以上で書けている。（1点）
　　　　　＜条件3＞　　4文以上で書いている。（5点）
　　　　　＜条件4＞　　習ったことを積極的に使い，内容を整理して書いている。（3点）

4 言語活動へのヒント

　日頃，自分の思いや考えを英語で綴り，表現することに慣れさせる。その際，話すことと書くことを連動させ，「話したら書いてみる」ということをさせる。また，書く際には，前後のつながりがもてるように，生徒に文を並べ替えたり，表現する順番を考えたりさせながら，Introduction—Body—Conclusion の3段階構成や，パラグラフの最初に Topic Sentence をもってくることなど，まとまりのある文章構成を意識させる。

5 評価テスト例

【英語を書いて答える問題】 　　　　　　　　【思考・判断・表現】（各10点×2＝20点）

問1 　来月，あなたの学校にアフリカから15名の中学生が来ることになっています。生徒会役員のあなたは，日本の文化について紹介することになりました。次の中から2つ選び，それぞれを説明する文章を，5語以上の英文で4文以上書きなさい。

書初め（*kakizome*）	節分（*setsubun*）	折り紙（*origami*）
初詣（*hatsumode*）	年賀状（*nengajo*）	七夕（*tanabata*）

_____

_____

_____

_____

_____

問2 　ALT のリビー（Libby）先生は，英語授業で，日本での生活や思い出を語りました。あなたは，授業後，リビー先生のところに行き，話しかけました。下線部のリビー先生の質問に対して，あなたならどのように答えますか。5文以上の英文で書きなさい。

あなた：Libby *sensei*, I was moved a lot about your story. I have known the old castle is on the mountain, I didn't know what it is.

Libby ：Have you been there?

あなた：No. I've never been there. I want to climb the mountain and see the castle.

Libby ：Good. It takes two hours to get there, but it will a good exercise. I have a question for you. <u>What are good things in your town?</u>

あなた：[　　　　　　　　　　]．

15 「書くこと」の評価テスト

評価の観点：思考・判断・表現
言語材料：特になし　　**場面**：意見についての考えを書く
実施時期：3学期

1　問題作成のねらい

問1・問2ともに，生徒の思いや考えを英語で表現する問題として設定した。

2　評価規準

・「英語は日本人にとって必要かどうか」や「中学生にとって新聞を毎日読むことは必要である」について，自分の考えや伝えたいことを整理して，簡単な語句や文を用いて書いている。

【思考・判断・表現】

3　解答及び解説　＊紙面の都合上，問1のみ解答及び解説を行う

解答　問1　（例）I agree with the idea. We have only a few chances to use English in Japan. We will not use it in the future too. Also, we will have AI machine which translates our talk immediately. So we don't have to study English any more.

（例）I do not agree with this idea. More and more people from other countries will come to Japan to work. We must communicate to work with them. In case of that, English would be a useful communication tool. So we should learn English to be a good communicator for the future.

解説　問1　次の条件で採点する。

＜条件1＞　最初に自分の考えを明らかにしている。（1点）
＜条件2＞　最後に自分の考えをまとめている。（1点）
＜条件3＞　5文以上で書いている。（5点）
＜条件4＞　**伝えたい内容を整理し，話の流れに一貫性がある。**（3点）

4　言語活動へのヒント

比較的，日本人は相手が納得するように自分の考えを述べることを苦手としている。自分の考えをただ表現するだけでなく，どのような順番で話をしたよいか，伝わりやすいように文脈をつくることが必要である。最初に自分の考えを書き出させ，それを基に順番を入れ替えるなど整理して組み立てていくことを指導したい。

5 評価テスト例

【英語を書いて答える問題】 　　　　【思考・判断・表現】（各10点×2＝20点）

問1　英語を勉強していたら，友達のヒロが次のように言ってきました。そのことついて，あなたの考えを<u>5文以上の英語で</u>書きなさい。

ヒロ：日本では，英語を勉強する必要はない。

_____

_____

_____

_____

_____

問2　マコト（Makoto）は，地域で行われた英語による意見発表会に出場しました。マコトの意見について，あなたの考えを5文以上の英語で書きなさい。

Hi, I'm Makoto Kuribayashi. Today I'm going to talk about newspapers. Do you read newspapers? I read a newspaper every day. However, I learned that 70% of junior high school students do not read newspapers every day. I was so surprised. I think reading newspapers every day is necessary for junior high school students. What do you think? ....

_____

_____

_____

_____

_____

16 「語彙・文法」の評価テスト

評価の観点：知識・技能
言語材料：語彙／現在完了形／現在完了進行形
実施時期：1学期

1 問題作成のねらい

　問1は，教科書の英文，もしくは内容を整理して提示し，その中に（　　）を設け，そこに当てはまる英単語を綴る問題である。このことを評価テストで取り上げることで，生徒は教科書を何度も勉強してくることとなる。問2は，英文の間違いを見つけ，正しい文に直すことができるということから，文法の知識及び活用の技能を測ろうとした。

2 評価規準

・場面や状況に応じ，語彙を選択し，正しく綴る技能を身に付けている。　　　　【知識・技能】
・過去形や現在完了形，現在完了進行形の特徴や決まりに関する事項を理解し，実際のコミュニケーションにおいて，正しく表現する技能を身に付けている。　　　　【知識・技能】

3 解答及び解説

　解答　問1　ア　dropped　イ　during　ウ　heard　エ　stands　オ　thousand
　　　　　　　カ　get　キ　war　ク　experiences　ケ　thrown　コ　destroyed
　　　　問2　①　I have just finished my homework.
　　　　　　　②　He has been studying math for three hours.
　　　　　　　③　He played soccer for 11 years.
　　　　　　　④　He went to Europe to play soccer（last year.）
　　　　　　　⑤　Have you（ever）been to Europe?

　解説　問1　教科書に出てくる重要語を空所にし，単語を正確に綴ることができるかどうかを確認する問題である。
　　　　問2　①③④⑤は現在完了を使う場面と，過去形を使う場面の明確な理解を確認している。②は，現在完了進行形を用いる。

4 言語活動へのヒント

　教科書を何回か読んで練習をした後，教科書を伏せさせる。教師が音読し，途中止めた「次の単語」を答えさせる。このことにより，教科書の内容を捉えたり，文脈や話の流れから，どのような語がくるのか予測したり，語彙理解を確かめることができる。

5 評価テスト例

【語彙や文法に関する問題】　　**【知識・技能】**（問1各1点×10＝10点，問2各2点×5＝10点）

問1　次の文章は，教科書にある英文です。(ア)～(コ)に入る最も適切な語を答えなさい。

Jill : Can you tell me where we're going tomorrow?

Miki : Sure. We're going to Hiroshima. Do you know atomic bombs were （　ア　） on Hiroshima and Nagasaki （　イ　） World War Ⅱ?

Jill : Yes. I've （　ウ　） about Sasaki Sadako. Her statue （　エ　） in Peace Memorial Park.

Miki : Right. She kept folding paper cranes and thought "If I fold one （　オ　） paper cranes, I will （　カ　） well."

Jill : I want to learn more about the （　キ　）.

Miki : Why don't we go to the library and study it?

Jill : Good. The other day, I watched *kataribe*, storytellers, tell stories about their （　ク　） on DVD. One of the storytellers said that when she was ten years old, the atomic bombs hit Hiroshima. Then her body was （　ケ　） to the floor. Everything was （　コ　） by the bomb. A lot of people died.

問2　ユミ（Yumi）は，毎日英語で日記を書いています。よく見ると，①～⑤の文章に，文法的な誤りが見られます。①～⑤の英文の間違いを訂正し，正しい文にしなさい。

Hi, I'm Yumi. ① I have finished my homework now. My brother, Takeshi, is studying very hard. ② He is studying math for three hours. He will take an exam next month. He was on the soccer team. He doesn't play it now. ③ He has played soccer for 11 years. ④ He has been to Europe to play soccer last year. ⑤ Did you go to Europe? I have never been there. I want to go to Italy and the U.K. in the future. It's time to eat dinner. We'll eat *sukiyaki*.

17 「語彙・文法」の評価テスト

評価の観点：知識・技能
言語材料：語彙／関係代名詞／分詞の後置修飾／〔make（help）＋人＋動詞の原形〕
実施時期：2学期

1 問題作成のねらい

問1は，関係代名詞を用いた英文の読み取りから，単語を類推し，綴りを正確に書く問題である。英英辞典の語の定義文を多少変えて提示している。問2は，語順を問いながら，文法理解を確認する問題として作成した。語の並べ替えの際，文法の知識は，それらがヒントとなる。

2 評価規準

・関係代名詞の入った文を読み，その英文が表す語彙を予測し，単語を正しく綴る技能を身に付けている。　　　　　　　　　　　　　　　　　　　　　　　　　　　　　【知識・技能】
・関係代名詞や分詞の後置修飾，〔make（help）＋人＋動詞の原形〕を用いた文の特徴や決まりに関する事項を理解し，実際のコミュニケーションにおいて，正しく表現する技能を身に付けている。　　　　　　　　　　　　　　　　　　　　　　　　　　　　【知識・技能】

3 解答及び解説

解答　問1　(1)　doctor　　(2)　florist　　(3)　hospital　　(4)　cow　　(5)　watch
　　　　問2　①　the boy running with the cat
　　　　　　　②　Playing with the cat makes him happy
　　　　　　　③　ever read the book written by　④　the stories which I like
　　　　　　　⑤　can you help me carry

解説　問1　(1)では，「病気の人を治療する」ということから doctor となる。(2)では，花屋さんを示す florist が正解となる。(3)では，病気の人やけがをしている人が行く大きな建物ということで hospital となる。(4)は，牛乳という言葉から cow になる。(5)は，手首に身に付けることから，watch となる。
　　　　問2　①③は，分詞の後置修飾の文構造が理解できているか問う問題である。②⑤は，make（help）＋人＋動詞の原形副詞的用法。④は，関係代名詞の入った文の整序作文である。

4 言語活動へのヒント

英英辞書を片手に単語の定義文を読み合い，それが何の語彙であるのか当てる活動をする。

5 評価テスト例

【語彙や文法に関する問題】　【知識・技能】（問1各2点×5＝10点，問2各2点×5＝10点）

問1　英英辞典を引いたら，次のように出ていました。どんな語を引いたのでしょうか。（　）内の文字で始まる語を答えなさい。

(1)　someone who treats people who are ill （d-）

(2)　someone who works in a shop that sells flowers （ f-）

(3)　a large building in which sick or injured people go to （h-）

(4)　a large female animal that is kept on farms and produces milk （ c-）

(5)　a small clock that you wear on your wrist （w-）

問2　次の(1)～(3)の対話が成立するように，（　　）内の語を正しく並べ替えなさい。ただし，不要な語が1つずつあります。

(1)　A：Look at ① (with / the / boy / running / cat / run / the) in the park.

　　B：Where?

　　A：Over there. He looks so happy.

　　B：Yes. That's Ken. ② (play / cat / makes / him / the / playing / with / happy).

(2)　A：Have you ③(written / read / the book / by / ever / see) Akutagawa Ryunosuke?

　　B：Yes, I have. "Nose" is one of　④ (who / which / stories / I / like / the) .

(3)　A：Excuse me, ⑤ (you / carrying / me / carry / can / help) this bag? It's too heavy.

　　A：Sure.

Q1 評価の何がどう変わったの？

A1 １つの技能で３つの観点が，評価が可能である

　３観点評価を，ややこしくしてしまっている要因は，全ての技能が３観点で測れてしまうという点にあります。

　今までは，「聞くこと」「読むこと」は，「外国語理解の能力」で，一括で評価できました。また，「話すこと」「書くこと」は，「外国語表現の能力」で評価できました。「語彙や文法」の問題は，「言語や文化についての知識・理解」で評価していました。

　非常に明確で分かりやすかったです。

　逆に言えば，だからこそ，総合問題は従来の評価では適さなかったのです。

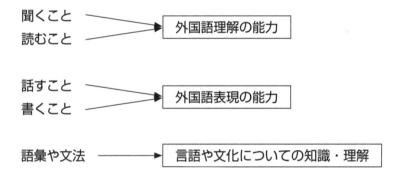

　しかし，今回の新しい３観点評価では，ここが大きく違います。

　「聞くこと」の中でも，それが「知識・技能」の聞くことなのか，「思考・判断・表現」の聞くことなのか，を分けて考えなくてはいけません。それが，評価を難しくさせてしまっている要因なのです。

　では，２観点の境目はどこでしょうか。それはＱ２で取り上げます。

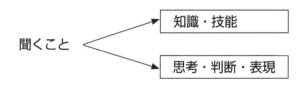

■ 定期テスト問題を２観点で分けてみよう！

Q2 「知識・技能」と「思考・判断・表現」の境目はどこ？

A2 「知識・技能」はあくまでも，言語材料の「正確さ」を問う

　「知識・技能」と「思考・判断・表現」の問題を2つに分ける場合，コアとなる考え方は，「知識・技能」は，正確さ，「思考・判断・表現」は，適切さと，まずは割り切ることです。

　そして，「知識・技能」は，**言語材料に対する正確さ**ということになります。「知識」や「技能」を確認しようとしている対象は，言語材料です。

　一方，「思考・判断・表現」の適切さは，「**コミュニケーションを行う目的や場面・状況**」に即した適切さとなります。例えば，相手の名前を尋ねる場合，What's your name? を用いるか，May I have your name? を用いるかは，場面・状況によって異なります。その場面や状況に即した適切な言語理解，言語使用を測るのが「思考・判断・表現」の評価となります。

　　　　　　　　　　　　　　　　　　言語材料の

○知識・技能……………………正確さ

○思考・判断・表現…………適切さ

　　　　　　　　　　　　　　　場面や状況に即した

　しかしながら，「思考・判断・表現」は，同時に「知識・技能」を内包しているため，どうしても，「思考・判断・表現」の問題をクリアするために，「知識・技能」の能力を必要とする場合があります。どちらの観点に入れるかは，指導者の判断によるものとなります。

　例えば，読むことの問題で，「下線部を指すものは何か」というような問題では，その下線部を指しているものを理解するためには，下線部の指す内容を理解する「知識・技能」が必要となります。通常，下線部問題は，適切な読みを測ることから，「思考・判断・表現」に入れるのが妥当かと思いますが，もし下線部を指すものが，**試験範囲内のある特定の言語材料の知識・技能を測る**となれば，評価観点は，「知識・技能」となるでしょう。

　■ どちらの観点に入るかは，最終的には，評価者が決めましょう！

Q3 評価は，いつ，どこでするの？

A3 大きな括りでする評価と，小刻みに行う評価がある

　評価の信頼性を確保するためには，できるだけ評価回数が多い方がよいです。しかし，私たちの仕事は，評価することではなく，指導することであるので，あまり評価にばかり気を取られるのは本筋ではありません。

　評価には，成績につなげる評価（総括的評価）と，指導に活かす評価（形成的評価），また生徒の能力を事前に把握するための評価（診断的評価）の３つがありますが，２番目の形成的評価は必要ですので，必然的に多くなるでしょう。生徒のどこがよくて，どこが課題なのかを判断し，評価し，改善していくもので，指導に活かす評価となります。

　また，評価を成績につなげる場合は，評価の公平性から，私は定期テスト等，一斉に試験を受けているものを中心に付けるのがいいと考えます。もちろん，試験時期がずれる場合は，多少の修正を行う必要が出てくるでしょう。

　話すことの評価では，実際に英語を話している場面を評価しなくてはいけません。公平性を考えると，スピーチ（発表）やインタビュー形式（やり取り）のパフォーマンステストでは，ある程度，同じ条件で，評価することができますので，これはこれでいいでしょう。でも，私は思うのです。毎時間，１人ずつ，前に出てきて行うスピーチ（Mini Teacher）や，リテリングの発表，ヒントクイズの発表等，そういう機会も評価するチャンスではないかと思うのです。つまり，話すことの評価場面は，限られているので，チャンスがあれば，それらを評価材料に使うことも考えるといいと思います。ただし，毎時間に１人ずつスピーチをすると，30人クラスにいれば，30時間分の評価時期に差ができます。最初の方でやった生徒と後ろの方でやった生徒では，学んでいる量が違うので，評価**基準**を修正する必要があります。

大きな括りでの評価	・定期テスト　　・実力テスト ・パフォーマンステスト（スピーチ・インタビュー等）
小刻みな評価	・Small Talk の様子　　・教師と生徒との授業中の会話 ・スピーチ及びスピーチ後の QA の様子　　・作文 ・スキット発表　・プレゼン発表　・英単語テスト　等

■ 生徒の学力の評価する場面は，日常に数多くある！

Q4 「主体的に学習に取り組む態度」は，「思考・判断・表現」と一体化するの？

A4 たまたま評価が一致することがあるというスタンスで別物と考える

ここは意見の分かれるところかと思います。

『「指導と評価の一体化」のための学習評価に関する参考資料　中学校外国語』（国立教育政策研究所）では，次のように言い，随所に「一体的に評価する」という文言が見られます。

> 「主体的に学習に取り組む態度」は，基本的には「思考・判断・表現」と一体的に評価する。(p.53)

もちろん同書では，評価が一致しない場合もあることも明言しています。

> 主体的に学習に取り組む態度が必ずしもコミュニケーションを行う目的や場面，状況などに応じた発話や筆記等に表れない場合もあるため，そのような段階にある生徒の「主体的に学習に取り組む態度」の評価結果は，「思考・判断・表現」の評価結果と一致しない場合もある (p.79)

しかし私は，観点がある限りは，別に評価することがよいと考えます。その上で，たまたま評価したら，一致しているということはあり得ます。初めから，一体化して評価すると決めつけてしまうことは，賛成しかねます。

「主体的に学習に取り組む態度」のコアは，次です。

> 主体的に外国語を用いてコミュニケーションを図ろうとしている状況を評価する。

どのようにコミュニケーションを図ろうとしているかを評価していくことになります。

私はここの部分は，大筋，以前の評価項目の「コミュニケーションについての関心・意欲・態度」と，そう大きく変わらないのではないかと思っています。

■ 別々に評価し，たまたま一致するなら，それでよし！

Q5 テストでの観点の配分は？

A5 1：1にこだわることはないが，ベストは1：1と思います。

テスト問題を作ります。みなさんは，どのような配分でテスト問題を作るでしょうか。

一番，混乱がないのが，「聞くこと」「読むこと」「書くこと」の問題を「思考・判断・表現」で作ってしまい，「知識・技能」は，「語彙や文法に関する問題」として，作ってしまうことです。これでも，十分よい配分かと思います。

しかし，「語彙や文法に関する問題」の中で，「読むこと」と「書くこと」の「知識・技能」の問題を作ることはできますが，「聞くこと」は，作れません。そこで，「聞くこと」の中に，「知識・技能」を10点分，設けれれば，網羅することができ，配分も1対1になります。

これが案1です。

（案1）
① 聞くこと（20点） ……………………………………… 【知・技】10点，【思・判・表】10点
② 読むこと（20点） ……………………………………………………【思・判・表】20点
③ 語彙や文法に関する問題（40点） ………………………………………【知・技】40点
④ 書くこと（20点） ……………………………………………………【思・判・表】20点

また，「読むこと」の配点を高くし，「語彙や文法に関する問題」の配点を減らし，「読むこと」や「書くこと」の中に，「知識・技能」の問題を入れるという手もあります。

しかし，「読むこと」の中に，「知識・技能」の問題を入れることは意外と困難を示すことから，案1の方がよいように思います。

（案2）
① 聞くこと（20点） ……………………………………… 【知・技】10点，【思・判・表】10点
② 読むこと（40点） ……………………………………… 【知・技】10点，【思・判・表】30点
③ 語彙や文法に関する問題（20点） ………………………………………【知・技】20点
④ 書くこと（20点） ……………………………………… 【知・技】10点，【思・判・表】10点

■ テストをどう作成するかでも，教師の力量が問われます！

Q6 「聞くこと」の評価テストには，どんな問題があるの？

A6 QA問題，チャイム問題，イラストや表を選ぶ問題等がある

「聞くこと」の問題で，よく用いられている出題パターンは，大きく6種類あります。また，それぞれについて，「知識・技能」や「思考・判断・表現」の問題として作成することが可能です。例えば，QA問題で，次のように作問したとします。

放送文 A：Hi, Keiko. Look at this picture. This is Ken. He is taller than John.
B：Wow, he is tall. Who is this?
A：This is Maki. She is shorter than John. Maki is the shortest of the three.
< Question > Who is the tallest of the three?

この場合，試験範囲に比較表現が入っていれば，比較表現の理解を測っていると判断し，「知識・技能」の問題として，扱うことができるでしょう。

QA問題	・英文を聞き，その後，放送される質問の答えとして最も適切なものを，聞いて選ぶ問題。 ・質問と答えの選択肢が印刷されており，英文を聞いて質問の答えを選ぶ問題。 ・答えの選択肢が印刷されており，英文を聞いて質問の答えを選ぶ問題。
チャイム問題	・対話文が放送され，最後の文の応答に合う文を聞いて選ぶ問題。 ・対話文の途中でチャイムがなり，その場所に入る文を聞いて選ぶ問題。
正誤問題	・英文の内容に合う文を選ぶ問題。
イラストや表・グラフ問題	・英文を聞き，英文に合うイラストやグラフ，表を選ぶ問題。 ・英文を聞き，イラストを並べ替える問題。 ・英文を聞き，イラストやグラフの内容に合う英文を選ぶ問題。
表やメモを完成させる問題	・英文を聞き，表やメモを完成させる問題。
英語を書く問題	・質問を聞き，その質問の答えを書く問題。

◻ 様々な問題パターンを用いて，聞くことの問題を作成しよう！

Q7 「読むこと」の評価テストには，どんな問題があるの？

A7 QA問題，下線部問題，空所補充，イラスト問題等がある

「読むこと」の問題で，よく用いられている出題パターンで，一番多く見かけるのは，QA問題です。全国の高校入試問題でも，多くの都道府県で出題されています。

また，下線部問題も，よく利用されています。下線部の指す内容を日本語で説明したり，下線部の時の気持ちを表すものを選んだり，下線を引いた箇所に関する問題を出すことで，読みの力を確認します。

もちろん，読むことについても，「知識・技能」の問題や，「思考・判断・表現」の問題が存在しますので，語彙や文法等の知識を問いているかどうか確認し，判断するとよいでしょう。

QA問題	・英文を読み，内容に関する質問の答えを選ぶ問題。 ・英文を読み，内容に関する質問の答えを書いて答える問題。
正誤問題	・英文の内容に合う文を選ぶ問題。 ・英文の内容に合うグラフや表を選ぶ問題。
下線部問題	・下線部の内容を答えさせる問題。 ・下線部の理由や気持ちを答えさせる問題。 ・下線部の内容を他の言い方で言い換えるとどうなるか選択肢から選ぶ問題。
イラストや表・グラフ問題	・英文を読み，英文に合うイラストやグラフ，表を選ぶ問題。 ・英文を読み，イラストを並べ替える問題。 ・英文を読み，表やメモを完成させる問題。
空所補充問題	・英文の途中に空所があり，そこに入る語や語句，英文を選ぶ問題。 ・英文の途中に空所があり，そこに入る複数の英文を並べ替えて入れる問題。
要約問題	・英文の内容に合うように，要約文の空所に適語を入れる問題。
概要問題	・本文の内容に合うように，出来事などを順番に並べ替える問題。 ・タイトルを付ける問題。

■ 全国の高校入試問題から問題形式を学びとろう！

Q8 「書くこと」の評価テストには，どんな問題があるの？

A8 長文に絡めた出題や，意見文，テーマ作文，イラスト問題等がある

「書くこと」の問題では，長文を読んだ後，その内容に絡めた質問を生徒に投げかけるパターンを多く見かけます。また，生徒の意見をまとまりのある4～5文で表現させる問題や，テーマ作文，QA問題等も同様，よく用いられている方法です。

また，「思考・判断・表現」の問題として，まとまりのある文章を書かせる場合がきっとあるでしょう。大事なことは，評価ルーブリックを作っておくことです。

評価テストですから，点数を出さなくてはいけません。

そのため本書では，次のような条件を示しています。

＜条件1＞　夢を明確に示している。（1点）
＜条件2＞　理由が書けている。（1点）
＜条件3＞　5文以上で書いている。（5点）
＜条件4＞　習ったことを積極的に使い，内容を整理して書いている。（3点）

QA問題	・英文を読み，内容についての質問があり，自分の考えを述べる問題。
テーマ作文問題	・テーマが与えられ，まとまりのある文章を書く問題。
意見文問題	・自分の考えや意見をまとまりのある文章で書く問題。 ・2つの意見文を読み，どちらの意見に賛成かを書く問題。
メール文問題	・メールに対しての返事を書く問題。
整序作文問題	・語が与えられ，それらを意味の通る文に並べ替える問題。
イラストや表・グラフ問題	・イラストに合うように，場面を説明する文を書く問題。 ・イラストの吹き出しに，適当なセリフを入れる問題。 ・英文を読み，表やメモを完成させる問題。
空所補充問題	・英文の途中に空所があり，そこに入る英文を書く問題。
和文英訳問題	・日本語を英語にする問題。

■ 様々な問題パターンを定期テストに取り入れよう！

Q9 一度に３観点の評価ができない時はどうするの？

A9 もちろん，できる範囲で！

「話すこと」では，最大限，３つの観点が評価できるとしていますが，無理に３つを同時に評価する必要はありません。例えば，「話すこと［やり取り］」で，「その場の状況に応じ，相手の発話に対して適切に対応できている」を「思考・判断・表現」で見て，敢えて「知識・技能」は目をつぶることもできます。もちろん「主体的に学習に取り組む態度」を見ないということも可能です。「とにかく『思考・判断・表現』だけを見よう」とすることもできます。

下記は，観点別評価の15項目を表した表です。３つの観点で５領域ありますので，最大限15種類の評価ができるという，ちょっと考えたら恐ろしい表になります。評価というのは実行可能性というのがありますので，理想は理想として，実際にこれらの項目で可能かどうか試しに，◎（必ずできる／するべし）○（できる）△（やろうと思えばできる）で印を付けてみました。すると，予想以上に，実施可能であることが分かりました。

	聞くこと	読むこと	話すこと[やり取り]	話すこと[発表]	書くこと
知識・技能	◎	◎	◎	◎	◎
思考・判断・表現	◎	◎	◎	○	◎
主体的に学習に取り組む態度	◎	△	◎	◎	△

「読む」「書く」に関しては，「主体的に学習に取り組む態度」として，実際に読んでいる状況や書いている状況を評価することも，個別には可能ですが，それを全員に等しく評価できるかと言ったら，なかなか難しいのではないでしょうか。しかし，もし「読むこと」のパフォーマンステストを行い，目の前で読んでいる状況を評価するのであれば，話は別です。

また，「話すこと［発表］」では，「思考・判断・表現」で○にしているのですが，準備のある発表では，「思考・判断・表現」はどちらかと言うと，「書くこと」で評価されるので，発表時は，敢えて「思考・判断・表現」は評価しないことも考えられます。詳細は，次ページに解説しています。

■「話すこと」で，無理に３観点を同時に評価しなくてもよい！

Q10 「話すこと [発表]」における「思考・判断・表現」とは？

A10 「伝えたいことを上手に伝えている姿」や「その場での対応力」等がある！

　評価について理解が深まると，「あれ？『話すこと [発表]』の『思考・判断・表現』って，結局，『書くこと』の中で行われるのだから，『話すこと』ではないんじゃないの？」と感じるようになります。そして，「となると，『話すこと [発表]』の『思考・判断・表現』って，何を評価するの？」「事前に発表原稿を用意する『話すこと [発表]』では，『思考・判断・表現』は，評価しなくていいの？」と考えるかもしれません。しかし，「書くこと」で行われていても，「思考・判断・表現」という評価観点には間違いありません。「書くこと」の「思考・判断・表現」として評価すればいいことになります。

　それでは，「話すこと [発表]」における「思考・判断・表現」って，何を評価したらいいのでしょうか。私なりに考えると，事前に原稿があり，それを暗記して，ただ声に出していくだけでは，「話すこと」の評価にすらならないと思います。そこに，スピーカーとしての「伝えたい気持ち」が原稿に乗らないと，発表にならないと考えるのです。つまり，自分の考えや思いを伝えるために，具体物を提示したり，間をとったり，声の調子を変えたり，オーディエンス（聴衆）の反応を見たり，そうすることができることが，「思考・判断・表現」と考えるのです。ここについては，「主体的に学習に取り組む態度」と重なる部分，つまり一体化して評価できてしまう部分でしょう。

　よって「話すこと [発表]」において，「思考・判断・表現」で評価するとしたら，オーディエンス（聴衆）の反応に対して，瞬時に，適切に対応できた場合，これは，「思考・判断・表現」と言っていいでしょう。ある中学１年生がスピーチで，My favorite YouTuber are ..., ... and .... と紹介していました。その時に先生が，Three YouTubers? と確認すると，Yes. と返答していました。Yes というたった一言でしたが，これなどは，準備のない発話であり，スピーチ内容をよりよく理解してもらうための「思考・判断・表現」が姿として現れた瞬間だと私は思いました。

　このように，「話すこと [発表]」における「思考・判断・表現」って，どんなことがあるのかな……と考えていくと，発表することの中にも，「思考・判断・表現」の観点が見えてくるのではないでしょうか。

■「話すこと [発表]」にも，「思考・判断・表現」はある！

【著者紹介】

瀧沢　広人（たきざわ　ひろと）

　1966年東京都東大和市に生まれる。埼玉大学教育学部小学校教員養成課程卒業後，埼玉県公立中学校，ベトナム日本人学校，公立小学校，教育委員会，中学校の教頭職を経て，現在，岐阜大学教育学部准教授として小・中学校の英語教育研究を行う。

　主な著書は，『目指せ！英語授業の達人39　絶対成功する！中学校新英文法指導アイデアブック』(2021)，『同38　４達人に学ぶ！究極の英語授業づくり＆活動アイデア』（共著・2020），『同34　絶対成功する！アクティブ・ラーニングの授業づくりアイデアブック』(2016)，『同30・31・32　絶対成功する！英文法指導アイデアブック　中学１年～３年』(2015)，『小学校英語サポートBOOKS　英語教師のためのTeacher's Talk & Small Talk 入門―40のトピックを収録！つくり方から使い方まで丸ごとわかる！』(2019)，『中学校英語サポートBOOKS 苦手な子も読める！書ける！使える！中学校の英単語「超」指導法』(2021)，『授業をグーンと楽しくする英語教材シリーズ37　授業を100倍面白くする！中学校英文法パズル＆クイズ』『同29　CanDoで英語力がめきめきアップ！　中学生のためのすらすら英文法』(2014)，『同27　文法別で入試力をぐんぐん鍛える！　中学生のための英作文ワーク』(2013)，『同25　１日５分で英会話の語彙力アップ！中学生のためのすらすら英単語2000』（共著・2013），『同24　５分間トレーニングで英語力がぐんぐんアップ！　中学生のためのすらすら英会話100』(2013)（以上，明治図書）　他多数

目指せ！英語授業の達人⑩

絶対成功する！新３観点の英語テストづくり＆
学習評価アイデアブック

2021年12月初版第１刷刊　Ⓒ著　者　瀧　沢　広　人
2023年１月初版第５刷刊　　発行者　藤　原　光　政
　　　　　　　　　　　　　発行所　明治図書出版株式会社
　　　　　　　　　　　　　　　http://www.meijitosho.co.jp
　　　　　　　　　　　　　（企画）木山麻衣子（校正）丹治梨奈
　　　　　　　　　　　　　〒114-0023　東京都北区滝野川7-46-1
　　　　　　　　　　　　　振替00160-5-151318　電話03(5907)6702
　　　　　　　　　　　　　ご注文窓口　電話03(5907)6668
＊検印省略　　　　　　　組版所　中　央　美　版

Printed in Japan　　　　　　　ISBN978-4-18-354827-6
もれなくクーポンがもらえる！読者アンケートはこちらから→